CANTY
AND
COUTHIE

Familiar and forgotten traditional Scots poems

collected by

Anne Forsyth

SCOTTISH CULTURAL PRESS

First published June 1994
Reprinted October 1994

Scottish Cultural Press
PO Box 106
Aberdeen AB9 8ZE
Tel/Fax: 01224 583777

British Library Cataloguing in Publication Data
A catalogue record for this book is available
from the British Library

ISBN: 1 898218 04 8

The publisher acknowledges subsidy from the Scottish Arts Council
towards the publication of this volume

Printed and bound by
Athenaeum Press Ltd, Gateshead, Tyne & Wear.

CONTENTS

INTRODUCTION

'Canty' means 'pleasant, cheerful'. 'Couthie' has a number of meanings, from 'agreeable' and 'sympathetic' to 'comfortable'.

The poems in this collection display all these characteristics. Some may be familiar as recitations heard at local concerts: others may be remembered from schooldays when poems were learned by heart. Some are comic narratives, some gentle and reflective, and others lively pictures in verse of memorable characters.

What they all have in common is a vigour of expression and a feeling for words, especially the almost-forgotten words and phrases of country dialects.

The idea of this anthology began with 'The Broken Bowl'. I wrote on behalf of a relative to the *Courier*, asking for information about this splendid narrative poem. Correspondents replied from all over the East of Scotland with details of the source, and in many cases copies of the poem, which was heart-warming, because it is a very long poem and must have taken considerable time to copy out by hand. Some of those who wrote said that they still recited the poem at family gatherings, or at senior citizens' clubs–a real feat of memory.

This response made me think that there might be other favourite recitations, which readers might enjoy re-discovering, so I began researching, reading through the files of old newspapers and magazines, delving in collected works and writing to correspondents.

Much of the poetry was written during the early years of this century. It shows us a vanished world, a world much smaller than our own, a world where people had time to look around them at the fields and the hedgerows; a world where families were close-knit, and traditional values were prized.

Of course these poems do not show us only a world of heather and bannocks and sunny summer days spent guddling in the burn. Many recall harsh times, when people worked hard for little reward and holidays were an undreamt-of luxury: when winter meant hardships and often not enough to eat.

These poems bring to life the variety of characters in small communities–the ploughman, the Provost, the dominie. And this type of verse has a special character of its own–a sort of resilience and good humour, a cheerful acceptance of difficult times.

Several poems in this collection came from the files of *The Scottish Farm Servant*, a paper which flourished during the first few decades of the 20th century. As well as discussions on wage negotiations, political news and answers to correspondents, its pages regularly featured stories and poems.

Among the best-known of the poets included in the collection is Charles Murray. He spent most of his career as a mining engineer in South Africa, finally as Secretary for Public Works, Union of South Africa, but it was during that time he wrote his most evocative poems of his native Aberdeenshire.

Walter Wingate was born in Dalry, Ayrshire–his father, David, had already become known as 'the collier poet.' Walter taught mathematics at St John's Academy, Hamilton. He wrote many poems which an older generation still remember with affection.

W D Cocker's lively verses were great favourites at verse-speaking festivals. In his introduction to *Poems Scots and English*, he says, 'In the main, my Scots is the speech that I was familiar with as a boy in Strathkendrick, and I seldom use a word that would not come as readily to my tongue as to my pen.' His poems contain many dialect words that have almost vanished from our language, and his work is also worth preserving for its vivid portrayal of character.

Among the other poets in this anthology are David Rorie, T S Cairncross, and Alexander Anderson (who wrote that old favourite 'Cuddle Doon'). In other cases a poem is still remembered and recited, even though the author's name has been forgotten or perhaps not even known.

Researching this anthology has been absorbing and enjoyable. I have found particularly pleasant the correspondence with those who replied so helpfully to my enquiries. My special thanks go to: Mr Douglas Gray;   Mrs Jane Wingate; and the staffs of the Local Studies Department of the Mitchell Library, Glasgow and the Central Library, Aberdeen.

Anne Forsyth
St Andrews
1994

ACKNOWLEDGEMENTS

The publisher and editor acknowledge with thanks permission to reproduce the following copyright material:

The Charles Murray Memorial Fund for 'The Whistle', 'It wasna his wyte', 'Gin I was God', 'Tho' I be aul' ', 'Burns Centenary', 'Winter', 'There's aye a something'.

Brown, Son and Ferguson Ltd. for the following poems by W D Cocker: 'Glesca', 'The Deluge', 'Ballad of a Christening', 'Dinna be Daft', 'The Slide', 'The Games', 'Granny's Proverbs', 'The Guid Samaritan', 'The Bus Conductress'.

Constable Publishers for 'The Auld Doctor', 'The Lum Hat wantin' the Croon', and 'The Nicht that the Bairnie cam' Hame' from *The Auld Doctor* by David Rorie: and 'The Dance Langsyne', 'Frae Skye' and 'The Ragged Loon' from *The Scot at Hame* by T S Cairncross.

'The Sang' from *Sun and Candlelight* by Marion Angus (Porpoise Press) is reprinted by permission of Faber and Faber.

BAIRNS
AN'
SCHULEDAYS

THE FIVE-SHILLING FEE

Ma Mither was wae, for ma faither was deid,
And they threatened tae tak' the auld hoose ower her heid:
Her earnings grew scant, and the meal it grew dear,
I wis the auldest o' five and could whiles see a tear
When she cam' hame at nicht, glistnin' bricht in her een
Half-hid as if it just didna' want tae be seen.
I spoke nae a word but my wee heart would ache
And I wished I was big for my puir Mither's sake.

There were fairmers aroon' wantin' herds for their kye
And ma Mither had said she had yin that would try
I mind how I trembled, half fear and half joy
When a maister ca'd on us, for tae look at the boy.
He bade me stand up for he thocht I was wee
But my frank honest face he said pleased his e'e,
He would tak' me and try me for sax months to see,
For a pair o' new shune and a five-shilling fee.

So I set to my wark and I pleased richt weel
Just a word or a wave and I plied han' and heel
But ma troubles cam' oan, the fences were bad,
And the mid-summer flees gar the cattle run mad,
And in cauld blashy weather sae drenched wi' the rain,
Wee thochts o' leavin' would steal o'er ma brain.
But wi' courage I aye dashed the tear frae ma e'e
When I thocht o' ma shune and ma five-shilling fee.

But the long-looked for Martinmass cam' wi' its store
And proudly I coonted it twenty times o'er,
Though years since have fled in a fortunate train
I never could feel such rapture again.
The sailor just safe o'er the wild breakers steered,
Proud Waterloo's victor when Blucher appeared
Ne'er felt what I felt when I placed on the knee
Of a fond-hearted Mither, ma five-shillin' fee.

AUTHOR UNKNOWN

WAUKEN UP

Wull I hae tae speak again
Tae thae weans o' mine,
Echt o' clock an' weel I ken
The Schule gangs in at nine.
Little hauds me but tae gang
An' fetch the muckle whup,
Oh, ye sleepy-heidit rogues
 Wull ye wauken up?

Never mither had sic a faught,
No' a meenit's ease;
Clean Tam as ye like at nicht
His breeks are through his knees.
Thread is nae for him at a'
It niver hauds the grup;
Maun I speak again, ye rogues
 Wull ye wauken up?

Tam, the very last to bed,
He winna rise ava',
Last tae get his books an' sklate
Last tae win awa'.
Sic a loon for tricks an' fun
Heeds na' what I say
Rab an' Jamie—but they plagues,
 Wull they sleep a' day?

Here they came, the three at aince,
Lookin' gleg an' fell,
Hoo they ken their bits o' claes
Beats me fair tae tell.
Wash your wee bit faces clean
An' here's your bite an' sup,
Never wis mair wise-like bairns
 Noo they're wauken up.

There the three are aff at last
I watch them frae the door,
That Tam he's at his tricks again
I count them by the score,
He put his foot afore wee Rab
An' coupit Jamie doon
Could I but lay my haun's on him,
   I'd mak' him claw his croon.

Noo tae get my work on haun'
I'll hae a busy day
But losh! The hoose is unco quate
Since they are a' away.
A dizen times I'll look the clock
Whan it comes roon till three
For cuddlin' doon or waukenin' up,
   They're dear, dear bairns tae me.

ALEXANDER ANDERSON

GRANNY SLEEP

Ye dinna ken what ails ye,
But I can tell ye fine!
A cloud I see on ilka e'e
That dulls its mornin' shine.
Frae Granny Sleep ye turn awa,
And fecht as lang's ye can;
Yet she's the kindest o' us a',
My wee weariet man!

Ye've been as blithe's a kitlin;
Ye've toddlet out and in;
Ye've played wi' ocht, ye've played wi' nocht,
Wi' reel and ba' and spune;
But Granny Sleep will lay them by
The ferlies a' ye fan';
And waff ye to the mornin' sky,
My wee weariet man!

Ay! aulder e'en, my bairnie,
Hae been as laith to tine
The eident play that filled their day
As late and lang as thine.
And whyles we fret and whiles we froon;
But aye sin' bairns began,
It's Granny Sleep that sings us doon,
My wee weariet man!

WALTER WINGATE

CUDDLE DOON

The bairnies cuddle doon at nicht
Wi' muckle faught an' din
"Oh try an' sleep, ye waukrife rogues,
Your faither's comin' in."
They niver heed a word I speak
I try tae gie a froon,
But aye I hap' them up an' cry
   "Oh, bairnies, cuddle doon!"

Wee Jamie wi' the curly heid
He aye sleeps next the wa',
Bangs up and cries, "I want a piece!"
The rascal starts them a'.
I rin an' fetch them pieces, drinks,
They stop a wee the soun',
Then draw the blankets up an' cry,
   "Noo, weanies, cuddle doon."

But ere five minutes gang, wee Rab
Cries oot frae neath the claes,
"Mither, mak' Tam gie ower at aince,
He's kittlin' wi' his taes."
The mischief in that Tam for tricks
He'd bother half the toon,
But aye I hap them up an' cry,
   "Oh, bairnies, cuddle doon."

At length they hear their faither's fit
An' as he steeks the door,
They turn their faces tae the wa'
An Tam pretends tae snore.
"Hae a' the weans been gude?" he asks,
As he pits aff his shoon.
"The bairnies, John, are in their beds
　An' lang since cuddled doon!"

An' just afore we bed oorsel's
We look at oor wee lambs,
Tam has his airm roun' wee Rab's neck
An' Rab his airm roun' Tam's.
I lift wee Jamie up the bed
An' as I straik each croon,
I whisper till my heart fills up:
　"Oh bairnies, cuddle doon."

The bairnies cuddle doon at nicht
Wi' mirth that's dear to me.
But soon the big warl's cark an' care
Will quaten doon their glee.
Yet come what will to ilka ane
May He who rules aboon,
Aye whisper though their pows be bald
　"Oh, bairnies, cuddle doon."

ALEXANDER ANDERSON

THE WHISTLE

He cut a sappy sucker from the muckle rodden-tree,
He trimmed it, an' he wet it, an' he thumped it on his knee;
He never heard the teuchat when the harrow broke her eggs,
He missed the craggit heron nabbin' puddocks in the seggs,
He forgot to hound the collie at the cattle when they strayed,
But you should hae seen the whistle that the wee herd made!

He wheepled on't at mornin' an' he tweetled on't at nicht,
He puffed his freckled cheeks until his nose sank oot o' sicht,
The kye were late for milkin' when he piped them up the closs,
The kitlin's got his supper syne, an' he was beddit boss;
But he cared na doit nor docken what they did or thocht or
   said,
There was comfort in the whistle that the wee herd made.

For lyin' lang o' mornin's he had clawed the caup for weeks,
But noo he had his bonnet on afore the lave had breeks;
He was whistlin' to the porridge that were hott'rin' on the fire,
He was whistlin' ower the travise to the baillie in the byre;
Nae a blackbird nor a mavis, that hae pipin' for their trade,
Was a marrow for the whistle that the wee herd made.

He played a march to battle, it cam' dirlin' through the mist,
Till the halflin squared his shou'ders an' made up his mind to
   'list;
He tried a spring for wooers, though he wistna what it meant,
But the kitchen-lass was lauchin' an' he thocht she maybe kent;
He got ream an' buttered bannocks for the lovin' lilt he played.
Wasna that a cheery whistle that the wee herd made?

He blew them rants sae lively, schottisches, reels, an' jigs,
The foalie flang his muckle legs an' capered ower the rigs,
The grey-tailed futt'rat bobbit oot to hear his ain strathspey,
The bawd cam' loupin' through the corn to "Clean Pease
   Strae";
The feet o' ilka man an' beast gat youkie when he played—
Hae ye ever heard o' whistle like the wee herd made?

But the snaw it stopped the herdin' an' the winter brocht him
   dool,
When in spite o' hacks an' chiblains he was shod again for
   school;
He couldna sough the catechis nor pipe the rule o' three,
He was keepit in an' lickit when the ither loons got free;
But he aften played the truant—'twas the only thing he played,
For the maister brunt the whistle that the wee herd made!

CHARLES MURRAY

GOING TO SCHOOL

O, pity the lad and the lassie
That live in the muckle grey toon,
And fuit it owre cobbles and causey
This bonny mornin' in June,
Wi' never a blackie's bit tune.

Puir things, what ha'e they tae mind o'
When they look back on the schule?
High streets that led tae a kind o'
Den for the makin' o' dule,
Wi' its tawse and its dunce's stule.

But memory heaps up a treasure
For laddies and lassies that gang
Dawdlin' tae schule at their leisure
In the byroads winding amang
The fields, wi' the laverock's sang.

Ay, tenderly ey thae days 'll
Close in oor memory cling;
That mornin' we huntit the whaisel;
Hoo we chased the squirrel, puir thing,
Tae see hoo gleg it could spring.

At huntin' the nests we were skeelfu',
And never a yin bit we'd ken:
The hempy, the linty, the sheilfa,
The yorlin', the tit, and the wren –
And a pheasant's we got noo and then!

The days o' the wild March weather,
When the great trees groaned i' the blast,
In the lown o' the dyke we'd gether
Tae wait till the shoo'er was past,
And got palmies for bein' the last.

And even the snaw-drifts o' winter
Are days that we fondly reca':
Shoutin' and lauchin', we'd vent're
Intae the deepest o't a',
Makin' oor shapes in the snaw.

O, pity the lad and the lassie
That live in the muckle grey toon,
And fuit it owre cobbles and causey
This bonny mornin' in June,
Wi' never a blackie's bit tune.

ANDREW DODDS

THE BOY IN THE TRAIN

Whit wey does the engine say *Toot-toot*?
  Is it feart to gang in the tunnel?
Whit wey is the furnace no pit oot
  When the rain gangs doon the funnel?
What'll I hae for my tea the nicht?
  A herrin', or maybe a haddie?
Has Gran'ma gotten electric licht?
  Is the next stop Kirkcaddy?

There's a hoodie-craw on yon turnip-raw!
  An' sea-gulls! – sax or seeven.
I'll no fa' oot o' the windae, Maw,
  It's sneckit, as sure as I'm leevin'.
We're into the tunnel! we're a' in the dark!
  But dinna be frichtit, Daddy,
We'll sune be comin' to Beveridge Park,
  And the next stop's Kirkcaddy!

Is yon the mune I see in the sky?
  It's awfu' wee an' curly.
See! there's a coo and a cauf ootbye,
  An' a lassie pu'in' a hurly!
He's chackit the tickets and gien them back,
  Sae gie me my ain yin, Daddy.
Lift doon the bag frae the luggage rack,
  For the next stop's Kirkcaddy!

There's a gey wheen boats at the harbour mou',
　And eh! dae ye see the cruisers?
The cinnamon drop I was sookin' the noo
　Has tummelt an' stuck tae ma troosers. . .
I'll sune be ringin' ma Gran'ma's bell,
　She'll cry, "Come ben, my laddie."
For I ken mysel' by the queer-like smell
　That the next stop's Kirkcaddy!

M C SMITH

THE BOY'S SEPTEMBER

Whase wheat was the ripest he brawly could tell,
And lang ere a heuk had been laid to the crap;
He sampled the neeps, wi' the best for himsel',
And the warst for his butty, kee-vee at the slap.

The black-stackit, weel teuched bean was his joy,
To pouch at the dark'nin', and scoor for the yett;
It wasna the beans but the risk o' the ploy,
And the nearer to catchin' the sweeter they e't.

He kent whaur the thistle had hoddin his cheese
When his weel-huakit gully had strippit the jags;
He speer't na what skep was expeckin' the bees
That he eased o' the burden that wechtit their bags.

For the blaeberry law, and the rasp in the den,
He never mislippen't the time o' the year;
And ye kent when he gaed to the hazelwood glen,
Frae his new-cuttit staff and his scarts frae the brier.

The hemlock's toom shank was a gun to his haun'
To pock Willie's nose wi' a batt'ry of haws;
And he slang tattie plooms frae the end o' a whaun,
To fricht the bit rabbits, and bother the craws.

He learned the red rowan the dervish's skip
On his faither's auld pipe, wi' a preen for a leg;
And he keepit the kittly wee seeds o' the hip
To pap 'tween the shouthers o' Leezie and Meg.

And his fechts in the stooks, wi' his cheek and his brow
War-paintit wi' bram'le! – But there let me en', –
It's aften I won'er if laddies enoo
Ken hauf o' the fun that September was then!

WALTER WINGATE

THE SAIR FINGER

You've hurt your finger? Puir wee man!
Your pinkie? Deary me!
Noo, juist you haud it that wey till
I get my specs and see!

My, so it is – and there's the skelf!
Noo, dinna greet nae mair.
See there – my needle's gotten't out!
I'm sure that wasna sair?

And noo, to make it hale the morn,
Put on a wee bit saw,
And tie a bonnie hankie roun't –
Noo, there na – rin awa'!

Your finger sair ana'? Ye rogue,
Ye're only lettin' on!
Weel, weel, then – see noo, there ye are,
Row'd up the same as John!

WALTER WINGATE

THE DOMINIE'S HAPPY LOT

The Dominie is growing grey,
And feth he's keepit thrang
Wi' counts an' spellin' a' the day,
And liffies when they're wrang.
He dauners out at nine o'clock,
He dauners hame at four –
Frae twal to ane to eat and smoke –
And sae his day is owre!

   Oh! Leezie, Leezie, fine and easy
   Is a job like yon –
   A' Saturday at gowf to play,
   And aye the pay gaun on!

When winter days are cauld and dark,
And dykes are deep wi' snaw,
And bairns are shiverin' owre their wark,
He shuts the shop at twa;
And when it comes to Hogmanay,
And fun comes roarin' ben,
And ilka dog maun tak' a day,
The Dominie tak's ten!

   Oh! Leezie, Leezie, fine and easy
   Is a job like yon –
   To stop the mill whene'er you will,
   And aye the pay gaun on!

And when Inspectors gi'e a ca'
He tak's them roun' to dine,
And aye the upshot o' it a'–
"The bairns are daein' fine!"
And sae the "Board" come smirkin' roun'
Wi' prizes in their haun';
And syne it's frae the end o' June
Until the Lord kens whan!

   Oh! Leezie, Leezie, fine and easy
   Is a job like yon –
   Sax weeks to jaunt and gallivant,
   And aye the pay gaun on!

WALTER WINGATE

THE MAISTER

He gied us Scriptur' names tae spell
But what they meant we couldna' tell,
He maybe didna ken his sel'
        – The Maister

What funny dogs we used tae draw
Upon oor sklates, an' ships an' a'
Till keekin' roond wi' fright, we saw
        – The Maister

He gie'd oor lugs a fearfu' pu',
Said he wad skelp us black an' blue
I doot he wouldna try that noo –
        – The Maister

We mind them weel, his lang black taws,
They nippit sair like partan's claws;
A crabbit little man he was
        – The Maister

His plump roond cheeks as red's the rose,
His twinklin' een an' redder nose
Showed that he suppit mair than brose –
        – The Maister

He opened aye the schule wi' prayer,
An' psalms, an' questions gied us mair
Than what we thocht was proper there –
        – The Maister

An' after time an' siller spent
We left as wise as when we went,
It wisna' muckle that he kent
        – The Maister

It's forty year noo since that day,
An' time, whase besom's aye at play
'Mang other things has swept away
        – The Maister

AUTHOR UNKNOWN

IT WASNA HIS WYTE

It wasna his wyte he was beddit sae late
An' him wi' sae muckle to dee,
He'd the rabbits to feed an' the fulpie to kame
An' the hens to hish into the ree;
The mason's mear syne he set up in the closs
An' coupit the ladle fu' keen,
An' roon' the ruck foun's wi' the lave o' the loons
Played "Takie" by licht o' the meen.
Syne he rypit his pooches an' coontit his bools,
The reid-cheekit pitcher an' a',
Took the yirlin's fower eggs fae his bonnet, an', fegs,
When gorbell't they're fykie to blaw;
But furth cam' his mither an' cried on him in,
Tho' sairly he priggit to wait –
"The'll be nae wird o' this in the mornin', my laad" –
    But it wasna his wyte he was late.

"Och hey!" an' "Och hum!" he was raxin' himsel'
An' rubbin' his een when he raise,
"An' faur was his bonnet an' faur was his beets
An' fa had been touchin' his claes?
Ach! his porritch was caul', they'd forgotten the saut,
There was owere muckle meal on the tap.
Was this a' the buttermilk, faur was his speen,
An' fa had been bitin' his bap?"
His pints wasna tied, an' the backs o' his lugs
Nott some sma' attention as weel –
But it wasna as gin it was Sabbath, ye ken,
An' onything does for the squeel.
Wi' his piece in his pooch he got roadit at last,
Wi' his beuks an' his skaalie an' sklate,
Gin the wag-at-the-wa' in the kitchie was slaw –
    Weel, it wasna his wyte he was late.

The fite-fuskered cat wi' her tail in the air
Convoyed him as far as the barn,
Syne, munchin' his piece, he set aff by his leen,
Tho' nae very willin', I'se warn'.

The cairt road was dubby, the track throu' the wid
Altho' maybe langer was best,
But when loupin' the dyke a steen-chackert flew oot,
An' he huntit a fyle for her nest.
Syne he cloddit wi' yowies a squirrel he saw
Teetin' roon fae the back o' a tree,
An' jinkit the "Gamie," oot teeming his girns –
A ragie aul' billie was he.
A' this was a hinner; an' up the moss side
He ran noo at siccan a rate
That he fell i' the heather an' barkit his shins,
     Sae it wasna his wyte he was late.

Astride on a win'-casten larick he sat
An' pykit for rosit to chaw,
Till a pairtrick, sair frichtened, ran trailin' a wing
Fae her cheepers to tryst him awa'.
He cried on the dryster when passin' the mull,
Got a lunt o' his pipe an' a news,
An' his oxter pooch managed wi' shillans to full –
A treat to tak' hame till his doos.
Syne he waded the lade an' crap under the brig
To hear the gigs thunner abeen,
An' a rotten plumped in an' gaed sweemin' awa'
Afore he could gaither a steen.
He hovered to herrie a foggie bees' byke
Nae far fae the mole-catcher's gate,
An' the squeel it was in or he'd coontit his stangs –
But it wasna his wyte he was late.

He tried on his taes to creep ben till his seat,
But the snuffy aul' Dominie saw,
Sneckit there in his dask like a wyver that waits
For a flee in his wob on the wa';
He tell't o' his tum'le, but fat was the eese
Wi' the mannie in sic an ill teen,
An' fat was a wap wi' a spainyie or tag
To hands that were hard as a steen?
Noo, gin he had grutten, it's brawly he kent
Foo croose a' the lassies would craw,
For the mornin' afore he had scattered their lames,
An' dung doon their hoosies an' a'.

Wi' a gully to hooie tho', soon he got ower
The wye he'd been han'led by fate,
It was coorse still an' on to be walloped like thon,
    When it wasna his wyte he was late.

It's thirty year, said ye, it's forty an' mair,
Sin' last we were licket at squeel;
The Dominie's deid, an' forgotten for lang,
An' a' oor buik learnin' as weel.
The size o' a park – wi' the gushets left oot –
We'll guess geyan near, I daur say;
Or the wecht o' a stot, but we wouldna gyang far
Gin we tried noo the coontin' in "Gray."
"Effectual Callin' " we canna rin throu'
Wha kent it aince clear as the text,
We can say "Man's Chief En' " an' the shorter "Commands,"
But fat was the "Reasons Annexed"?
Oor heads micht be riddels for a' they haud in
O Catechis, coontin' or date,
Yet I'll wauger we min' on the mornin's lang syne
    When it wasna oor wyte we were late.

CHARLES MURRAY

CONSCIENCE

'Twas a bonnie day – and a day o' dule
The day I plunkit the Sawbath schule!

I wan'ert awa ayont the knowes,
Where the bluebell blaws and the arnut grows;
The bee on the thistle, the bird on the tree –
Athing I saw was blithe – but me.

Weary and wae at last I sank
Mang the gowan beds on the railway bank –
But never a train cam whistlin' by –
And oh! but a lanely bairn was I.

And I joukit hame frae tree to tree –
For I kent that I was whaur I sudna be,
When I saw the bad men – the men that play
At cartes and quoits on the Sawbath Day.

But – cunnin' wee cowart – I waitit till
It was time to skail frae the Sawbath schule;
Naebody kent – but I kent mysel –
And I gaed to my bed in the fear o' hell.

Conscience, thou Justice cauld and stern,
Aften thy sairest word I earn:
But this is a thing I'll ne'er forgie –
It wisna fair wi' a bairn like me.

WALTER WINGATE

AT
HAME

FLITTIN'

Ye may lay yer plans aforehaun',
Days afore it gin ye care,
Ha'e the cheenie nately packit,
An' the wa's a' strippit bare;
The chair-bottoms tied thegither,
An' the extra bed taen doon;
But ye're no' much faurer forrit
When the flittin' day comes roun'.

It's the larry's late in comin';
An' the chairs a' biggit oot
On the plainstanes, wi' the kettles
An' the fire-arms roun' aboot;
An' the room-things in a bourock
By a caff-bed hidden fine
Frae the neibours at the windies
Teetin' by the hauf-drawn blin'.

Syne a drizzle starts at loadin'
An' things need anither dicht,
While the ban-boxes an' blankets
Are quick hurried oot o' sicht;
An' the larry's no richt raipit
When Tam tim'les in the glaur
An' him to haund the lookin'-glass –
Could it ever happen waur?

Deed a flittin's unco tryin',
Efter a' is said an' dune;
But it's waur whan ane's oot-gaein'
As the ither's comin' in.
For they're sure to cast oot someway
Argie-bargie syne an' flyte,
While the jostlin' an' the wanglin'
Wad near drive a body gyte.

Well, I hivna flittit aften
Mebbe thrice in thretty year;
But guid health an' fortune fa'ur me.
Neer again I'll seek to steer;
For the thocht o' bygone trauchle
Is a nichtmare to me yet
An' gin I can get my way o't,
I' their lums, it's *me* they'll flit.

JOHN BUCHANAN

19

HOW JAKE TAMSON LOST HIS WIFE

In 1934 the *People's Journal* ran a competition for the best humorous poems contributed by readers. This poem, by Hugh Frame of Newport, Fife, was among the winners.

Jake Tamson saved up twa pound ten,
And bought a motor bike,
And then he cried to his wife, Jen,
'Get on your coat, my bonnie hen,
I'll tak' you whaur you like.
This bike is guaranteed to go
At ninety miles an oor or so.'

Now Jen was daft, as maist wives are,
Because her man she trusted,
The neeburs cried, 'You'll no gang far,
You'll bank into some bus or car,
This auld contraption's rusted.'
But Jen superior smiled, and sweet,
And mounted on the pillion seat.

The engine started wi' a roar,
Jake slippit in the gears,
Jen's spine began to rattle sore
But from the neeburs at the door,
She strove to hide her fears.
A laddie shoved them from behind,
And off they streakit like the wind.

Now Jake was plucky, there's nae doot,
He didna' screech or flinch.
Even when a collie dog ran oot,
He ga'ed the horn a michty toot
And missed it by an inch.
The wind was whistlin' through Jen's hair,
She shut her e'en and said a prayer.

Jake grippet hard and raced ahead,
Jen clung wi' micht and main.
And sighed, 'Oh, Lor'! we'll shune be deid,
He'll brak his neck and syne my heid,
I hope we'll hae nae pain.'
And then she felt her stomach leap
When straight in front she spied some sheep.

The road was jammed frae edge tae edge
Wi meh-ing, bleatin' beasties,
Through them you couldna' drive a wedge,
They nibbled at the grass and hedge,
Nae panic in their breasties.
The lamb from ewe would soon be torn
For Death rushed on wi' soundin' horn.

But Fate is kind as weel as deif
They weren't changed tae mutton,
Jake pulled up by the skin o's teeth,
And Jen jumped off wi' great relief
The hardest seat she'd sat on.
And put a haun tae ilka ear,
For, dod, that shepherd lad could sweir.

They argie-bargied, silly men,
Each speaking oot his mind,
Till a' the sheep were past, and then,
Jake streakit off and didna ken
He'd left his wife behind.
There was such din frae sheep and dugs,
Her shoutin' didna reach his lugs.

After twa oors Jake stopt for pies
And tea wi' Jen to share.
His hair stood up, and popped his eyes,
He nearly drappit wi' surprise,
For Jenny wasn't there.
He rubbed his brow with shiverin' haun'
And wondered whaur his wife had gaun.

Then mortal terror seized his soul
He shook frae heid tae feet.
He cried, 'This is an awkward hole.
Losing my wife I canna thole.'
He gazed upon the seat.
Then sighed, 'It is a narrow ledge.
I must have bumped her ower some hedge.'

Then straight he went to where all go
To rid them of their follies,
To men who sympathy can show,
When we are overwhelmed wi' woe.
He went and telt the polis.
'I've lost my wife, one in a million.
She must have coupit aff the pillion.'

The bobby cried, 'Then why do you
Come greetin' here, my buckie?
For I would like tae lose mine too,
But never kent just what to do.
By jings, you're unco' lucky,
For now you've shown me how to do it,
I'll see you'll ne'er hae cause tae rue it.'

When Jake got hame his heart grew warm
Tae see his wife in cosy slippers,
Maskin' the tea, in nae alarm,
Sure that her man would meet nae harm,
Fryin' a pair o' kippers.
But after that she did declare
She'd always gang on Shanks's mare.

HUGH FRAME

BOWL ABOOT

Lang Jock Maclean, the toozie loon,
Was ken'd an' noted roun' an' roun'
As ane who couldna let abee
The drink when signboards took his e'e;
But in was bang wi richt gudewill,
Cryin', "Landlady, bring in a gill."
Then, if some drouthie frien's cam' in,
The glasses roun' and roun' wad spin,
Til ilka ane began to fell
His noddle spinnin' like a wheel.

But Jock is noo fu' snod an' douce,
An' never heeds a public-house;
An' hoo this cam' to be wrocht oot,
Was simply dune by 'bowl aboot'.

A'e nicht as Jock cam' fra the toun,
As usual, wi' a dizzy croon,
He staucher'd on, fu' gruff an' grim,
For a' things had gane wrang wi' him.
So he resolved to lay the blame
O' a', if he got safely hame,
On Jean, who sat he lane, puir body,
Cursin' late 'oors an' steamin' toddy.
At length she heard him at the sneck,
But never jee'd or turned her neck.

Then in he cam' wi' a'e lang stagger,
An', lookin' roun' him wi' a swagger,
Roar'd oot, as he tried to be steady,
"Jean, whaur's my supper? Get it ready."
But aye she sat upon the stule,
Nor spak' a sentence gude or ill.
Then, wi' an oath that wasna made
For print, Jock to the dresser gaed,
Took up a bowl, an' turnin' roun',
He heaved it up abune his croon,
An', crash! it gaed upon the flair
In fifty different bits an' mair.

Then Jean, as mad as mad could be,
Sprang up, sic spitefu' wark to see,
Ran to the dresser, took anither,
An' clashed it doon withoot a swither,
Then turned to Jock, half skreighin' oot,
"Come on, ye deevil, bowl aboot."
Then mercy me! What wark began –
Bowl after bowl in flinners span.
An' aye as Jock himsel' took ane,
Jean seized its mate an' made it spin.
Baith wrocht as if for life an' death,
Nor stoppit to recruit their breath,
But crash on crash gaed bowl an' plate,
Till Jock, half-ruein' at their fate,
Began to parley for cessation
O' siccan dried extermination.
"Haud, Jean," he cried, wi' savage broo,
"Own that this ploy began wi' you,
An' no' anither bowl, by token,
This nicht between us will be broken."
"Na, faith I, Jock," Jean cried. "Owre lang
I've listened to the same auld sang;
Hae borne your bickerin', snash, an' talk,
Nor gi'ed ye an ill answer back;
Hae sat up mony a weary nicht,
My heart up in my throat wi' fricht,
Thinkin' ye micht fa' ower the brig,
When rains had made the water big,
But, come what may, be't gude or ill,
This nicht I'll let you hae your fill,
So bowl aboot, an' see wha's winner,
Ye guid-for-naething drunken sinner!
There's mine" – an' ere he was aware,
Jean smash'd her bowl upon the flair.
An' Jock (his peacefu' thochts in vain),
Swore, an' fell to his wark again,
Till ashets, bowls, broth plates, an' a',
That looked sae nicely in a raw,
Lay on the flair – a broken harl –
The ruins o' a crockery warl'.

Next mornin' when Jock rase an' saw
The awfu' smash, he scarce could draw
His trousers on, but glower'd to see't,
Until he nearly cut his feet
Among the broken skelps that lay
Like snawflakes on a winter's day;
Then, wi' a scart at his braid croon,
He gi'ed a grum'le an' sat doon
To sup his parritch oot the pot,
For nae hale plate was in the lot,
But just afore he daun'ered oot,
He gi'ed a hoast an' turned aboot,
Flung doon his purse upon a chair,
Then pointed to the dresser bare;
Sic action said to Jean fu' plain,
"There, get the dresser fill'd again."
That nicht, when Jock frae wark cam' hame,
The fire shot oot a cheerfu' flame
As far's the dresser, where new delf
Was nicely ranged upon each shelf.
The table sat afore the fire,
An' on't was a' ane could desire;
An' by it, Jean sat, a' the while
Upon her face a cheerfu' smile.
Jock glower'd an' wonner'd when he saw
His hoose sae snod an' trig an' braw.

At length, when he had ate his fill,
He sat, but keepit thinkin' still,
Until at last he turned to Jean,
An' said, the big tears in his een,
"Wife I hae thocht, an' still I think,
I've been ower lang the fule o' drink;
But here this very nicht, I voo
To be a better man to you,
An' leave the gill stoups an' a' their mirth,
For purer joys beside the hearth,
See, there's my han't t'ye as proof."

Jean rase and took his honest loof,
Kiss'd him, an' ca'd him John, an' grat
Wi' joy that it had come to that,
Blessin', sic was her happy state,
The breakin' o' each bowl an' plate,
For plainly it was that brocht on
The wish'd-for happy change in John.

Frae that to this, as far's I've heard,
Jock aye has stickit to his word,
Comes hame fu' sober, ticht an' square
At nicht frae big Drumshauchle Fair.
An' Jean, since he has left the drappie,
Is noo fu' cheerfu', bien' an' happy,
But aye, when Jock prepares to gang
To fairs and roups an' sic-like thrang,
She snods him up wi' great respeck;
Twines a big gravit roun' his neck,
Convoys him half way doon the green,
Then, wi' a smile aboot her een,
Stops, pu's his beard, an' whispers oot –
"Noo, Jock, keep min' o' bowl aboot!"

AUTHOR UNKNOWN

THE FITBA' FAMILY

Ma faimly this while back are a' clean demented,
The hale o' the laddies – and lassies an' a'
At kirk or at merkit, nae odds whaur ye meet them,
The subject they're on, is aboot the fitba'.

'Bout half backs and hale backs and forwards and centres
This week or twa back, ah hae had ma fair share,
And then 'bout their wings they are never done talkin
As if they intended to flee through the air,

Ah gaed ower last Sunday, the length o' Peg Allen's
Tae hae a drap tea – and a friendly bit chat,
And when ah came back, ye wid scarcely believe it –
They were peggin awa wi' their Faither's lum hat:

Wee Jock's shoutin oot "That's a foul aff 'a Davy"
And Willie, he's shoutin "aff sides" intae Jean,
When Tam shoots for goal in the midst of the scuffle,
And knocks the lum hat, wi' a bang in ma een.

And then you should jist hear the screeches o' Mary,
She ne'r scared ma wits oot, she gaed sic a roar,
Cryin', "gie's yer han', Tammy, it's you that can dae it
Ah kent a' the time ye were able tae score!"

AUTHOR UNKNOWN

RAB COMES HAME

Was that a knock? Wha' can it be?
I hirple tae the door
A burly chiel is stannin' there
I niver saw afore.
He taks a lang lang look at me
An' in his kindly een,
A something lies I canna name,
That somewhere I hae seen.

I bid him ben, he taks a chair,
My heart loups up wi' fricht
For he sits doon like John wad do,
When he cam' hame at nicht.
He spreads baith han's upon his knees
But no ae word he speaks,
Yet I can see the big roun' tears
Come happin' doon his cheeks.

The a' at aince his big strong airms
Are streekit oot tae me,
'Mither, I'm Rab, come hame at last,
An' can ye welcome me?'
'Oh, Rab,' my airms are roun' his neck,
'The Lord is kind indeed.'
Then hunker doon an' on his knees
I lay my auld grey heid.

'Hoo could ye bide sae lang frae me,
Thae weary, weary years.
An' no' ae word – but I maun greet,
My heart is fu' o' tears.
It does a frail auld body guid
An' oh, it's unco sweet
Tae see you there, though through my tears
Sae I maun hae my greet.

'Your faither's lang since in his grave
Within the auld Kirkyaird,
Jamie an' Tam they lie by him,
They werena' tae be spared.
An' I was left to sit my lane,
Tae think on what had been,
An' wussin' only for the time
Tae come and close my e'en.

'But noo ye're back, I ken fu' well
That no a fremit han'
Will lay me when my time comes roun'
Beside my ain gudeman.
Noo wad it be a sin tae ask
O' Him that rules abune,
Tae gie me yet a year or twa'
Afore I cuddle doon?'

ALEXANDER ANDERSON

MY FIRST NEW HAT

There's ae wee blink o' sunny mirth
Whiles floods this heart o' mine –
The memory o' my first new hat,
Whilk cost me sax-an'-nine;
Weel brush'd an' glossy, sleek and black,
As ony young tab cat,
Oh! prood was I to think't my ain,
My first new hat.

That very nicht I brocht it hame,
I dress'd in sprucest fig;
I held mysel' as braw's the best,
An' thocht me byous big;
Syne doon to her wha own'd my heart,
I took a hurried spat,
An', wow, but she was gleg to note
My braw new hat.

She gat her braws, an' aff we sped
To view the steerin' toun;
My heart tick'd bricht an' happy 'neath
The glory o' my croon;
Nor sicht nor soun' I saw or heard
But borrow'd grace frae that;
A radiant licht it cuist owre a',
My brent new hat.

Oor Tib, tho' noo she's auld an' frail,
An' ye'll her ain word tak',
Was ance as braw an' trig a lass
As e'er man's heart-strings brak';
But ne'er saw I her couthie face
Look snugger or mair pat,
Than then it did that nicht I wore
My guid new hat.

An' when the Sabbath day cam' roun',
Aff to the kirk I spank'd;
I aye had notions after guid,
For whilk the Lord be thank'd.
But wasted were the twa guid hours,
That there I dreamin' sat;
It bang'd the sermon a' to bits,
My bricht new hat.

It's years an' years sin' syne, an' still
At hame, or yon't the sea,
Where'er I've been, my first new hat
A moral spak' to me.
An' aft at what I hear and see
I smile, for weel I wat
There's mair than me gang gyted ower
Their first new hat.

ALEX G MURDOCH

THE FLITTIN' DAY

*A versified recapitulation of what auld Mrs Tak'-
note-o'-ither-folks'-affairs saw through her best flint specks
on that eventfu' morning.*

O leeze me on the flittin' day –
The briskest o' the year,
The rumble-tumble flittin' day,
It's aye a day o' steer;
It's then we see oor neebor folks
Turn oot their whirliwha's,
Their auld nick-nacks, their odds-an'-ends,
Their clocks against the wa's;
Their jugs withoot the handles,
And their stools withoot the legs;
Their orra duds wi' patches rife,
Their Sunday braws – my fegs!

Said Mrs – What-d'ye-Call her noo? –
Her name's aboon, I think,
As, risin' frae her bed, she socht
The winnock in a blink,
And wrappin' flannel roun' her heid,
She cleaned her newest specks,
Then settled doon to ettle notes
O' ither folks' effecks;
Nae scrimpit paragraphic scraps –
But *editorial* lang,
She streecht'd the stumpie portraits oot,
Her tongue wag-waggin' thrang.
An' aye as some new bit o' dress
Or furniture she saw,
She stievly crack'd her thoombs an' cried,
"Ma patience, that beats a'!"

She wisna gien to scandalise;
She aye was douce an' quate;
But here's a sample o' her tongue; –
Note this – she never flate!

There's Mrs Hardnieves wi' her trash –
The pawnshop kens them a' –
The fechtin' fricht o' the haill close –
'Od she'll be weel awa'! –
A table an' a chair or twa;
A hat the croon dang in;
An' auld chaff-bed, an' twa-three duds –
That's the deserts o' sin.
Hoo a wee cuddie an' a cart
Can keep a drucken wife,
An' feed her weans – I canna see't,
No for my born life;
I like a wee drap drink mysel',
It mak's us cracky free;
But fegs! I wadna gang sae far
As some I daily see.
I've aince or twice gaen ower the score,
Nae doot, that's perfeck true,
But aince or twice is something less
Than everlastin' fou'.

Hech me! wha's yon but Mrs Smart,
Wha thinks hersel' sae braw,
Observe hoo she has spread her gear
For show alang the wa',
They're no the real mahogany –
On that I'll tak' my aith;
What's mair, the chairs an' chest o' drawers
Are second-handed baith.
An' yon's her pictures, haud yer tongue!
The "Field o' Waterloo,"
"The Sacrifice o' Abraham,"
An' "Burns ahint the Plough."
Hoo she can leeve in sunshine aye,
While ithers snoove in reek,
An' buy sae mony bonnet strings
Aff her bit pound a-week,
It's mair than me an' mony mare
Can strictly weel mak' oot –
There's something o' a mystery in't –
That's clear, without a doot;
An' mair than that, it seems to me,
As plain 's the letter S,
Gin every grocer had their ain,
She'd hae a trifle less.

Wha's this comes next – that's Mrs Pryde,
By some, the "widow" ca'd.
Her man's been dead these twa-three months.
Pit aff yer weeds, ye jaud!
For weel we ken, baith air an' late,
Ye're keekin' at the men;
An' faith! the cock that mates wi' ye
'Ill scratch a toozie hen.
Ye needna spread yer gangrels oot
To tak' some hameless e'e;
It's no a grate an' twa-three chairs
'Ill airt a man to ye.
Your "grand connexions," what's their worth?
The whussle o' a flute.
Tak' my advice, young Mrs Pryde,
An' rub your sign-board oot.

Or if yer bent upon a man,
Jist adverteeze your case;
For auchteen-pence the newspapers
'Ill gie yer wants a place.

Whase auld straw-bed can this be noo?
Will wonders never cease?
Can it be Mrs Clatterbags? –
The breaker o' the peace.
She wha has aye sae big a "brag,"
An' casts sae mony airs;
Whase brisk-gaun tongue is never quate
On ither folks' affairs;
Whase middlin' ways hae brocht aboot
Sae mony stairheid fechts,
An' gart douce neebor bodies steek
Their neeves like airn wechts.
To poke my nose intil the pat
O' ither folks kail-broo,
As she has everlastin' dune,
Is mair nor I could do.
Sma' heed I gie to ither folks –
E'en let them glunch or gloom –
Intent upon my ain affairs,
I never fash my thoom.
Though whiles, out ower the winnock sill,
I tak' a wee bit dab,
To see hoo neebor bodies fen,
But never gie't the blab.
Na, na; I aye was weel brocht up,
An' still the lesson mind;
For jist as the young twig is bent,
Sae the auld tree's inclined.

Weel, weel, she hasna much to brag,
If that's her haill turn-oot,
I've seen a bigger barrowfu'
The moon-licht road tak' foot.
An' auld book-case, a lookin'-gless,
An ancient aucht-day clock
That hasna noted time, since when? –
Since Moses struck the rock.

That jist aboot the feck o' a'
That she has scrap't thegither.
The twenty-aucht o' May's the day
Lets neebers ken ilk ither.
It's then we see our gangrel friens
Turn oot their whirliwa's,
Their auld nick-nacks, their odds and ends,
Their clocks against the wa's;
Their jugs without the handles,
An' their stools without the legs;
Their orra duds wi' patches rife,
Their Sunday braws, my fegs.
Then leeze me on the flittin' day,
The briskest o' the year;
The rumble-tumble flittin' day,
Its aye a day o' steer.

So sang oor auld note-takin' freen,
An' cannilie withdrew
Her heid within the winnock,
Syne sat doon to sup her broo.
An' the moral o' that mornin's wark,
She aft was gien to tell,
Gart her think less o' ither folks,
An' much mair o' hersel'.

ALEX G MURDOCH

BALLAD OF A CHRISTENING

The burn was roarin' wild in spate
Upbye at Craigievairn,
The minister had gane that gate
To christen Annie's bairn.

The torrent wide he coodna cross,
For brig there wasna ony;
He raised his voice oot ower the moss
An' shootit lood for Johnie.

The righteous dinna cry in vain,
The cottar folk were listenin';
Through blashin' rain John brocht the wean
Ootbye to get its christenin'.

Quo' Johnie, "Can ye no' win ower?
Then, troth, nae mair can I, sir."
The minister gied sic a glower: –
"Hoots! man, we maun baptize her.

"Sae wade ye in as faur's ye daur,
An' haud ye oot the bairn,
Gin I can splash some jaups as faur
Ye need hae nae concern."

Gey sweirt was John to brave the flude,
His feelin's were na hidden,
But, though a man o' cauldrife bluid,
He did as he was bidden.

He waded in, an' chitterin' there
Fulfilled the faither's function;
The minister pit up a prayer
O' muckle poo'er an' unction;

Doon on his hunkers then he gat
An' splashed right weel ower Johnie,
An' aye, as lood the bairn grat,
Speired, "Has it gotten ony?"

The rain did fa', the win' did blaw,
The minister peched sairly;
The wean gat deil a drap ava,
But John was drookit fairly.

In vain the chiel a baurley socht,
For, deeved by win' an' storm,
The reverend man still dourly wrocht
His office to perform;

An', though to rest he too was fain,
Wi' baith his loofs did blatter
Sic gowpens that syne Johnie's wean
Was draiglet weel wi' watter.

"Noo, Gude be thankit!" he exclaimed,
"We've dune oor stent gey bonnie.
What did ye want the bairn named?"
"I've clean forgot," said Johnie.

The preacher gied the blae-cauld chiel
A glower that was uncanny;
"The mither's name will serve gey weel;
Sae - I baptize thee, Annie."

He hirpled aff; but left ahint
A gey dumfooner't daddy,
Wha muttered, "Annie, deil be in't!
The puir wee wean's a laddie!"

W D COCKER

THE NICHT THAT THE BAIRNIE CAM' HAME

I was gaun to my supper richt hungert an' tired,
A' day I'd been hard at the pleugh;
The snaw wi' the dark'nin' was fast dingin' on,
An' the win' had a coorse kin' o' sough.
'Twas a cheery like sicht as the bonny fire-licht
Gar't the winnock play flicker wi' flame;
But my supper was "Aff for the doctor at aince!"
That nicht that the bairnie cam' hame.

Noo, I kent there was somethin' o' that sort to be,
An' I'd had my ain thochts, tae, aboot it;
Sae when my gude-mither had tel't me to flee,
Fegs, it wisna my pairt for to doot it.
Wi' a new pair o' buits that was pinchin' like sin,
In a mile I was hirplin' deid lame;
'Twas the warst nicht o' a' that I ever pit in,
That nicht that the bairnie cam' hame.

I'd a gude seeven mile o' a fecht wi' the snaw,
An the road was near smoort oot wi' drift;
While the maister at market had got on the ba',
Sae I'd tint my ae chance o' a lift.
When I passed the auld inn as I cam' owre the hill,
Although I was mebbe to blame,
I bude to gang in-bye an' swallow a gill,
That nicht that the bairnie cam' hame.

"Gude be thankit!" says I, at the doctor's front door,
As I pu'd like mischeef at the bell;
But my he'rt gae a dunt at the story that runt
O' a hoose-keeper body'd to tell.
The man wasna in? He was at the big hoose?
A sick dwam cam' richt owre my wame.
Hoo the deevil was I to get haud o' him noo,
That nicht that the bairnie cam' hame?

The doctor was spendin' the nicht at the laird's,
For the leddy, ye see, was expeckin';
A feckless bit cratur, weel-meanin' an' a',
Though she ne'er got ayont the doo's cleckin'.

It's them that should ha'e them that hinna eneugh,
Fegs, lads, it's a damnable shame!
Here's me wi' a dizzen, and aye at the pleugh
Sin' that nicht that the bairnie cam' hame!

What was I to dae? I was at my wits' en',
For Tibbie the howdie was fou,
An' e'en had I got her to traivel the road
What use was she mair than the soo?
I was switin' wi' fear though my fingers was cauld,
An' my taes they were muckle the same;
Man, my feet was that sair I was creepin' twa-fauld
That nicht that the bairnie cam' hame.

Three hoors an' a hauf sin' I startit' awa',
An Deil faurer forrit was I!
Govy-ding! It's nae mows for the heid o' the hoose
When the mistress has yokit to cry!
A set o' mis-chanters like what I'd come through
The strongest o' spirits would tame,
I was ettlin' to greet as I stude in the street
That nicht that the bairnie cam' hame!

But a voice that I kent soondit richt in my lug,
Frae my he'rt it fair lifted a load
As I tells him my story, for wha should he be
But the factor's son hame frae abroad.
"It's a brute of a night, but to doctor's my trade,
If ye'll have me, my laddie, I'm game!"
An' he druve his ain trap seeven mile through the snaw
That nicht that the bairnie cam' hame.

Ay! an' cracked like a pen-gun the hail o' the road
An' though I was prooder than ask,
When he fand I was grewsin' awa' at his side
He filled me near fou frae his flask.
Syne when a' thing was owre an' I gruppit his han'
Says the wife, "We maun gie him the name!"
An' there's aye been a gude word for him i' the hoose
Sin' the nicht that the bairnie cam' hame.

DAVID RORIE

38

WINCHIN'

IMPH-M

Ye've heard hoo the deil, as he wauchel'd through Beith,
Wi' a wife in ilk oxter and ane in his teeth,
When someone cried oot, 'Will ye tak' mine the morn?'
He wagged his auld tail while he cocked his horn,
But only said *Imph-m*! That useful word *Imph-m*,
Wi' sic' a big mouthfu' he couldna say – aye!

When I was a laddie langsyne at the schule,
The maister aye ca'd me a dunce and a fule;
For a' that he said, I could ne'er understan'
Unless when he bawl'd, 'Jamie, haud oot yer han'!'
Then I gloom'd and said *Imph-m*, I glaunch'd and said *Imph-m*,
I wisna ower proud, but ower dour to say – aye!

Ae day a queer word, as lang nebbit's himsel',
He vow'd he would thrash me if I widna spell.
Quo' I, 'Maister Quill,' wi' a kin o' a swither,
'I'll spell ye the word if ye'll spell me anither:
Let's hear ye spell *Imph-m*, that common word *Imph-m*,
That auld Scotch word *Imph-m*, ye ken it means – aye!'

Had ye seen hoo he glower'd, hoo he scratched his big pate,
An' shouted, 'Ye villain, get oot o' my gate!
Get aff to yer seat, ye're the plague o' the schule!
The deil o' me kens if ye're maist rogue or fule!'
But I only said *Imph-m*, that common word *Imph-m*,
That auld farran' *Imph-m*, that stan's for an – aye!

An' when a brisk wooer, I courted my Jean –
O Aron's braw Isaacs the pride an' the Queen –
When 'neath my grey plaidie wi' heart beatin' fain,
I speired in a whisper if she'd be my ain,
She blushed and said *Imph-m*, that charming word *Imph-m*,
A thousan' times better and sweeter than – aye!

AUTHOR UNKNOWN

THE COORTIN'

It fell upon the Martinmas time
When cauld the win' did blaw,
The lads frae Shinnyknowes cam ower
Upon our quines to ca'.

Upon the window-panes they reeled
An' fleeched to be lat in;
At last the quines gied their consent
If they wad mak nae din,

For auld Knockdon's a gurly tyke
And fond o' his ain wye,
An' if he'd heard the boys come in
There'd been the deil to pey.

Fu' stiff the lads sat by the fire
A' in an unco swither,
The lasses whispered 'mong theirsels
An' winked at ane anither.

The lads kent little what to say,
Ane bragged aboot his ploo,
Anither telt what he could dae
Amang the tarry 'oo.

They hadna sat a half-anoor
Afore they nott to gae,
To hurry doon to the Smiddy
Their airns for to lay.

The quines cam titterin' to the door
To see them safe awa';
But ere the lads were oot o' sicht
The jauds gied them a ca'.

"If e'er ye come this wye again
An' at the window reel,
Be shure ye hae your cooters laid
An' tapered aff wi' steel."

Ilk lad he thocht he wad come back
Ae certain lass to see,
Whose bonny face an' winsome smile
Had ta'en his cauffish e'e.

An' in his heart ilk lad did swear
Neist time he'd gae his lane,
For whan it's coortin' ye've on han'
Twa's company. Mair are nane.

AUTHOR UNKNOWN

THE SANG

The auld fowks praised his glancin' een,
Tae ilka bairn he was a frien',
A likelier lad ye wadna see
   But – he was nae the lad for me.

He brocht me troots frae lochans clear,
A skep o' bees, a skin o' deer;
There's nane should tak' wha' canna gie,
   An he was nae the lad for me.

He luiket aince, he luiket lang,
He pit his he'rt brak in a sang;
He heard the soondin' o' the sea,
   An' a' wis bye wi' him an' me.

The tune gaed soughin' through the air,
The shepherd sang't at Lammas Fair,
It ran ower a' the braes o' Dee,
   The bonnie sang he made for me.

Sae lang 'twill last as mithers croon,
An' sweethearts seek the simmer's moon;
Oh, I hae gaen wha' wadna' gie,
   For it s'all live, when I maun dee.

MARION ANGUS

THE CRAFTER'S LASS

She waukent ilka mornin' fin the "knock" wis chappin' five,
An' rax't hersel' an' gantit till her jaws were like tae rive,
An' syne she crawl't intill her claes, an' kennelt up the fire
Tae mak' the muckle caup o' brose tae stap her snorin' sire.

Her mither hed been deid for 'ears – she'd a' the wark tae dee,
Tae mak' the mait, an' muck the byre, an' shoo an' crooshie tee;
Her faither wis a crafter, bit he thackit reefs forbye,
An' antrin files he'd cowp a stirk, or maybe twa-three kye.

He wis a girnin' deevil, faith, an' never hed a please,
Bit aye gaed grumphin' oot an' in wi' ne'er a wird o' reeze;
The trauchelt lassie focht her best, an' tyauv't tae dee her pairt
Altho' he swore an' ca'd her jist a throw'ther pleyt'rin' clairt.

She wrocht fae skreek o' mornin' till the mirkest oor ye'll name,
An' scarce hed time t' dicht her face, nor gie her heid a kaim,
She'd stirks, an' swine, an' hens tae mait, an' mony a geese an'
    jook,
An' i' the hairst she githert, aye, an' hed tae bin' an' stook.

Bit deil a wird o' thanks she got, nae maitter foo she wrocht,
An' nae a fairin' did she hae, nae maitter foo she socht;
'Twas grumphin' here, an' girnin' there, an' snorin' faur he sat,
An' aft the meen keek't in tae faur the lassie lay an' grat.

Bit ae bricht day a shepherd lad cam' fusslin' ower the lea,
An' cam' inbye the kitchie door, an' took her on his knee;
She flang her airms aboot his neck; he kiss't her lauchin' mou';
O, lang she'd weyted for her lad, her ain lad, leal an' true.

Fin last she'd seen her bonnie lad, he swung a sodger's kilt,
An' sin' the day he gaed awa' she ne'er hed sung a lilt;
Bit noo her hert wis liltin' sweet, an' bonnie wis her e'en
As aye she glower't, an' aye she leuch, an' kiss't him in atween.

She left her grumphin' faither, an' she left the swine an' kye,
An' fittit wi' her shepherd lad withoot a sich or sigh;
She lo'ed her faither weel eneuch, but better, better far
She lo'ed the bonnie, lauchin' lad her faither couldna daur.

G P D, 'Stoneywood'

THE CORNCRAIK

O' the lass that I lo'ed first o' a'
Was handsome, young and fair
Wi' her I spent some merry nichts
Upon the banks o' Ayr.
Wi' her I spent some happy nichts
Whaur yonder burnie rows,
And the echo mocks the corncraik
Amang the whinny knowes.

We lo'ed each other dearly,
Disputes we never had
As constant as the pendulum,
Her heart-beat always gaed
We sought for joy an' found it,
Whaur yonder burnie rows
And the echo mocks the corncraik
Amang the whinny knowes.

Oh maidens fair and pleasures dames,
Drive to the banks o' Doon
You'll dearly pay your every cent
To barbers for perfume
But rural joy is free to a'
Where scented clover grows
And the echo mocks the corncraik
Amang the whinny knowes.

AUTHOR UNKNOWN

JEEMS

Whistlin' Jeems fowk micht hae cau'd him while he strode ahin
  the ploo,
Bonnet at a jaunty angle, makin' music wi' his mou:
Aye a tune tae coax his horses an' a twinkle in his ee,
So I found it nae unpleasin' when he cam' a-coortin' me.

Jeems was jist a fairm laddie, quait-like bit canty tae,
Little gi'en tae flooery phrases, his 'nae-bad' wid hae tae dae:
When the wark wis throu cam' lousin', he wad gar the bothy
  ring.
Yoken wi' an auld melodeon, affen he wad baal an' sing.

My, he wis a bonnie dancer, best in a' the countryside,
Jist tae birl at the eichtsome, he wad travel far an' wide;
It was gran' tae be his pairtner whan he socht me at a ball,
Lauchin', lichtsome, he wad whisper, 'Best set, lassie, in the
  hall.'

Days were fu' of wark an' tirin', siller scarce an' pleasure tae,
Darin'-like he bocht a grammie, passed the nichts wi' melody;
Whiles he played the penny whistle, bairnie drowsin' on his
  knee,
Firelicht flickerin' on the ceilin', richt an' ticht wis Jeems an'
  me.

A' his days he sang an' whistled (neebors smiled tae hear him
  pass);
Fostered aye the love o' music in his laddies an' his lass;
Reels, strathspeys an' jigs they played him when his life wis
  weerin' deen,
Feebly, still he keepit rhythm, though the teardrops dimmed
  his e'en.

Noo the days are dreich withoot him, quait-like the hoose an'
  a',
Sairly though I miss his fitstep, I'll just need tae wark awa',
There is muckle joy tae min' on, though it's jist yestreen it
  seems,
Since he swung me at the lancers, braw an' gallant whistlin'
  Jeems.

AUTHOR UNKNOWN

THE DANCE LANGSYNE

You may threpe aboot your twa-step
And your whilly-whully trot;
But for a' your wheepled fancies
I wadna' gi'e a groat.
They're a' but whigmeleeries,
Whatna' dance could be sae fine,
As when we swung and cowntired
In the barn in auld langsyne?

Oh the lads and lasses lauchin'
Sat and chaffed beside the wa';
And Jock was sweir to ask me,
And my he'rt was in a thraw,
And I swallowed in my thropill
For my face lowed up like wine;
But we danced Sir Roger blithely
In the barn in auld langsyne.

And we dandered hame at daylicht
When the scraighin' had an end,
And the reik rose frae the chimneys,
And we took the road weel-kenned,
Ay, we took the road thegither, –
That was back in fifty-nine, –
And mony a dance we've had there
In oor barn for auld langsyne.

T S CAIRNCROSS

THE BONNIE LASSIE'S ANSWER

Fare-ye-weel to Glasgow and adieu to Lanarkshire,
And fare-ye-weel my parents dear, I'll never see ye mair.
For I am bound to go, my love, where no-one shall me know,
But the bonnie lassie's answer was aye 'no, no'.
Aye 'no, no, my love,' aye 'no, no.'
  The bonnie lassie's answer was aye 'no, no.'

The King is wanting men they say, and I my love, must go
And it's for my very life, my dear, I dare not answer no.
For I am bound to go, my love, where no-one shall me know
But the bonnie lassie's answer was aye 'no, no'.
Aye 'no, no, my love,' aye 'no, no.'
  The bonnie lassie's answer was aye 'no, no.'

I'll cut off my yellow hair and gang along wi' thee
And be your faithful comrade in foreign country
For you are bound to go, my love, where no-one shall ye know
But the bonnie lassie's answer was aye 'no, no'.
Aye 'no, no, my love,' aye 'no, no.'
  The bonnie lassie's answer was aye 'no, no.'

Stay at home, my bonnie lass, and dinna gang wi' me
For little little do you know the danger there would be
For I am bound to go my love, where no-one shall me know
But the bonnie lassie's answer was aye 'no, no'.
Aye 'no, no, my love,' aye 'no, no.'
  The bonnie lassie's answer was aye 'no, no.'

So fare ye weel tae Cathkin Braes where oftimes we have been
And fare ye well ye Banks of Clyde and Bonnie Glasgow Green
For I am bound to go, my love, where no-one shall me know
But the bonnie lassie's answer was aye 'no, no'.
Aye 'no, no, my love,' aye 'no, no.'
  The bonnie lassie's answer was aye 'no, no.'

AUTHOR UNKNOWN

WHUS'LIN' GEORDIE

The lav'rock whus'les lood an' cheerie,
Soarin' in the lift sae high,
He whus'les a' to please his dearie –
But Geordie, he gaes whus'lin by.

Geordie's whus'lin, late an' early;
There's no' a cloud in Geordie's sky;
But O, ma hert gaes duntin' sairly,
Whin Geordie, he gaes whus'lin by.

Geordie's horse is a' his care,
Their manes he does wi' ribbon tie.
Broun an' bonnie is ma hair –
But Geordie, he gaes whus'lin by.

Snod an' trig I braid my hair,
Afore I gae to ca' the kye;
I busk masel' wi' muckle care –
But Geordie, he gaes whusl'lin by.

Blue an' bonnie is my e'e,
Bonnie blue like summer sky,
But Geordie has nae e'e for me,
Geordie, he gaes whus'lin by.

There's mony a lad, baith guid and kindly,
Fain wi' me wid coortin' try,
Why is't that I should luve sae blindly,
Geordie, wha gaes whus'lin by?

SANNY MCNEE

THE DAVINGTON WEDDING

The wifie doon at Davington,
Was unca prood and croose,
And keckling like a tapped hen
Aye but and ben the hoose.

Twenty-seeven kizzens there,
And aunties by the score,
And them that couldna crood the hoose
Just stood ootside the door.

The wifie dunched the auld guidman –
"Eh, but I'm prood," quo' she;
"Though marriage is a solemn thing,
This is a sicht to see."

The bride and groom afore them a'
Stood up – a bonnie pair;
The pride o' Eskdale Muir was she,
He Lang Tam o' Traquair.

"Join hands," cried oot the minister,
In tones both solemn and slow;
"Will you wed him who holds your hand?"
The lassie answered "No!"

"What ails ye noo?" the wifie cried,
And shook her heid and han',
"Oh, just because I ta'en," said Jean,
"A scunner to the man."

Again they met – the marriage feast
Was heated up again;
The wifie whispered, "Jean, ye ken,
Was fashioned as a hean;

The bizzem's ower her senselessness –
Ay, Ay! – deed, ay! just so!
Losh guid us!" cried she, as the groom
So calmly answered "No!"

The wifie shook her nieve and shrieked,
"What mean ye noo? – ye ass!"
"Oh, just because I've ta'en," said he,
"A scunner to the lass."

And once again they met – and all
Were fully satisfied
That bride and bridegroom now at last
Would be securely tied.

The wifie said she thought the things
Were better than afore,
As well as was the company
Which numbered o'er threescore.

The minister said, "There ye stan',
Twa swatches o' ae claith,
I'll wed ye nane, for I ha'e ta'en
A scunner tae ye baith."

AGNES MARCHBANK

THE HYOWIN' O' THE NEEPS

We hyowt the neeps in sunny June
A bonnie lassie and I,
An' blythe an' lichtsome were we baith
As toilsome days gaed by.
For aft the lass wad sing a sang
While witchin' glanced her e'e;
I'd never wish a sweeter lass
Than hyowt the neeps wi' me.

She teen the foremost dreel at morn
Tae follow I was fain;
An' keen was I tae scan her wark
An' watch for miss or blain,
For ilka blain she chanced tae mak',
A kiss she had tae gie;
An' scores the lassie willin' paid
That hyowt the neeps wi' me.

We hyowt the neeps frae morn til eve
The bonnie lass an' I,
Fae yokin' time tae lowsin' time
Wi' laverocks liltin' high.
An' oh! but we were canty baith
Oor hearts were liltin' tae,
An' noo the lassie's trystit aye
Tae hyow the neeps wi' me.

GEORGE P DUNBAR

AULD FOWK

THO' I BE AUL'

Ye needna think tho' I be aul',
An' a' my bonnet haps is grey,
My heart is gizzen, crined or caul'
An' never kens a dirl the day.

A bonny lass can stir me still
As deep's her mither did when young,
An' aul' Scots sang my saul can fill
As fu's when first I heard it sung.

Gin throu' the muir ahin' the dogs
I dinna lift my feet sae clean
As swacker lads that loup the bogs,
I'll wear them doon afore we're deen.

I ken some differ wi' the dram
Ae mutchkin starts me singin' noo,
But winds are tempered to the lamb,
An' I get a' the cheaper fu'.

An open lug, a gyangin' fit,
Altho' they've never filled my kist,
Hae brocht me wisdom whiles an' wit
Worth mair than a' the siller miss't.

An', faith, the ferlies I hae seen,
The ploys I've shared an' daurna tell
Cheer mony a lanely winter's e'en,
Just kecklin' ower them to mysel'.

There's some hae looks, there's mair hae claes,
That's but the brods, the beuk's the thing,
The heart that keeps for dreary days
Some weel-remembered merry spring.

Then ca' me fey or ca' me feel,
Clean daft or doitit, deil may care,
Aye faur there's fun, at Pase or Yeel,
Gin I be livin' I'll be there.

CHARLES MURRAY

A SONG OF PARADISE

I'm an auld body, noo, an' dune,
No fit for muckle mair
Than juist tae sit an' mind the fire
An' watch the glory there
Burn doon an' gaither on the ribs
An' fa' into the pan,
An' aye I think it's like the spark
That's in the breist o' man.

The minister comes ben at whiles
An' talks tae me o' God.
He's a weel-meanin', canty lad,
An' yet I canna haud
Wi' a' he says. There's some that's gane
(The Lord forgie!) I tell
Ye I had liefer see again
Than even God Himsel'.

An' yet there's some I'm sweir tae think
I'll come across up there!
My guid-sister was ane o' these
(In spite o' a' her care!)
I aye keep hopin' (though it's wrang!),
If she's got slippin' ben,
They'll let me oot anither way
An' doon the stair again!

They say there's mony mansions there,
An' weel I hope it's meant,
I wadna like tae find masel'
Shut up wi' a' I've kent!
I'm no for harps or golden croons,
I've tried tae dae my best,
An' syne I've trusted Paradise
Wad be a place o' rest.

Sae whiles at nicht I watch the fire
An' in the ashes fa'
I think I see the wee cot hoose
Where a' the bairns were sma'.
The water lippin' on the shore,
The kirk upon the rise –
I dinna want a mansion, Lord,
Wi' that for Paradise.

ISOBEL W HUTCHISON

GRANNY'S GAIRDEN

Oh, weel yet div I min' on't
In days lang, lang gane bye,
The dear aul' ramblin' gairden
Sae clear in memory's eye;
There a' jist mixter-maxter
The sweet aul' favourites grew,
The roses an' the aul' maids' pride,
Rosemary, thyme an' rue.

The honeysuckle clim't the wa',
An' aye at early morn
A guff o' sweetness creepit in
Tae tell o' day new-born;
An' through it a' was marjoram,
Fite bells an' mappie-moo,
An' mony ithers dear tae me
O' ilka shade an' hue.

Anaith the thrawn aul' aipple tree
The aul' fowk aft wad sit,
An' grandad there wad smoke an' dream,
An' granny eest tae knit;
They were pairt o' that aul' gairden,
An' tho' lang since awa'
They linger fondly in my he'rt,
The best lo'ed o' them a'.

GEORGE P DUNBAR

THE SLIDE

The win' is snell an' nirlin', the frost is fell an' keen,
The auld man's gey carnaptious, ye'll see it in his een;
My lugs hae shairly failed me or I would say he swore –
The bairns hae made a slippy slide fornenst oor door.

The auld man left the ingle to tak' a dauner wast,
To see hoo hens an' sic like were farin' in the blast;
He took yae step an' skytit, then set up sic a roar –
The bairns had made a slippy slide fornenst oor door.

Awa' he slid sae daft-like, he lost his stauff an' hat,
Then tummlet ower his wilkies like some auld acrobat;
The bairns begued the skirlin', they thocht it sic a splore –
Hoo daur they mak' a slippy slide fornenst oor door?

The auld man stopped their cantrips, he thowed the slide wi'
    saut:
Gin bairnies get nae paiks the nicht it winna be his faut.
But callans will be callans, I've telt him that afore –
Lang syne he made a slide himsel' fornenst oor door.

W D COCKER

LANGSYNE, WHEN LIFE WAS BONNIE

Langsyne, when life was bonnie,
An' a' the skies were blue,
When ilka thocht took blossom,
An' hung its heid wi' dew,
When winter wasna' winter,
Though snaws cam' happin' doon,
Langsyne, when life was bonnie,
Spring gaed a twalmonth roun'.

Langsyne, when life was bonnie,
An' a' the days were lang;
When through them ran the music
That comes to us in sang,
We never wearied liltin'
The auld love-laden tune;
Langsyne when life was bonnie,
Love gaed a twalmonth roun'.

Langsyne, when life was bonnie
An' a' the warld was fair,
The leaves were green wi' simmer,
For autumn wasna there.
But listen hoo they rustle,
Wi' an eerie, weary soun',
For noo, alas, 'tis winter
That gangs a twalmonth roun'.

ALEXANDER ANDERSON

FOWK,
FREENS,
AN'
KINTRA

THE AUL' GEAN TREE

Noo chilly win' are blawin' keen
While winter hauds his ain,
An' spreads his robe o' snawy white
On meadow, hill an' plain;
But by the ingle corner
We sit sae cosily,
Where a sonsie log is bleezin'
Fae the auld gean tree.

It grew doon by the kailyaird,
When I wis bit a loon,
An' amang its muckle branches
Aft I spielt an' tummelt doon;
An' the geans were aye far sweeter
Than I've tasted fae sin-styne
An' the memories o' its blossoms
Roon oor aul' herts twine.

It stood the blasts o' winter
Fae lang ere I wis born,
But like a bride in springtime
Wi' blossoms wad adorn.
An' there the Boldie biggit
An' aft the Robin tee
For a' the birds were trystit
In the aul' gean tree.

But noo, alas! it's vanished
Fae the corner o' the yaird
An' its form is torn asunder
An' the anes who lo'ed hae shared;
Sae when the win's are skirlin'
We sit an' feast oor e'e,
An' toast oor taes sae cosy
At the aul' gean tree.

GEORGE P DUNBAR

THE MINISTER KISS'D THE COBBLER'S WIFE

Hae ye heard o' the wonderfu' tale that's gaun roun'
The tongue-waggin' gentry o' Kinghorn toun?
The like o't was ne'er before heard o' in Fife –
The minister kiss'd the cobbler's wife.

It wisna scrimp dune, but baith haill and intack –
A legible, tangible, lip-rapping smack;
Sic doings play "slap" on the left lug o' life,
A *minister* kissin' a cobbler's wife.

Auld Watty, they say, has gaen owre to the dram,
An' mad wi' the thocht o't has drunk himsel' calm;
The toun wi' the talk o't is jist bizzin' rife –
The reverend kiss o' the cobbler's wife.

Had it been some stray bodie o' common degree –
A lawyer, a laird, or a sinner like me –
It wadna been cuttin' oor lugs like a knife;
Och! a minister cuddlin' a cobbler's wife.

Did I see it mysel'? – weel, I didna jist see't,
But rumour has got it, an' a' are agree't;
That the auld preachin' bodie had tuk a daft flyfe,
An' kiss'd in the by-gaun the cobbler's wife.

There's some ane, I'll sweer it, wi' up-casted loof,
Hauds fast i' the tail o' their e'e the haill proof;
'Twill be guid an' the end o't is merely word-strife,
The kissin' o' Kate, the cobbler's wife.

ALEX G MURDOCH

THE PUDDOCK

A puddock sat by the lochan's brim
An' he thocht there was never a puddock like him.
He sat on his hurdies, he waggled his legs,
An' cockit his heid as he glowered through the seggs,
The bigsy wee cratur was feelin' that prood
He gapit his mou' an' he croakit oot lood:
"Gin ye'd a like tae see a rich puddock," quo' he,
"Ye'll never, I'll sweer, get a better nor me,
I've fem'lies an' wives an' a weel-plenished hame,
Wi' drink for my thrapple an' meat for my wame.
The lasses aye thocht me a fine strappin' chiel,
An' I ken I'm a rale bonny singer as weel.
I'm nae gaun tae blaw but th' truth I maun tell –
I believe I'm th' verra MacPuddock himsel" . . .

A heron was hungry an' needin' tae sup,
Sae he nabbit th' puddock and gollup't him up:
Syne runkled his feathers: "A peer thing," quo' he,
"But – puddocks is nae fat they eesed tae be."

J M CAIE

WINTER

Noo that cauldrife Winter's here
There's a pig in ilka bed,
Kindlin's scarce an' coals is dear;
Noo that cauldrife Winter's here
Doddy mittens we maun wear,
Butter skites an' winna spread;
Noo that cauldrife Winter's here
There's a pig in ilka bed.

CHARLES MURRAY

61

THE POET AN' HIS PUDDIN'

A poet to his lodgin' bound
He spied a wee bit shoppie,
Whaur lay black puddin's, pottit-heid
An' yairds o' seerup toffee.

He hung aboot the windows' cheek
An' by the door he waunert,
At lang an' length he courage took
An' in he slowly daunert.

'An' wha' be ye?' the auld wife cried
'To tempt sic stormy weather.'
'Oh, I'm a poet,' he replied,
'A great man was my faither.'

'I've tried the papers 'thoot success,
I hae nae situation,
An' noo I'm on the very verge
O' utter stark starvation.'

'Why is yer nose sae mottl't like?
An' what's yer e'en sae blear't wi?'
'I've maybe taen a drap ower much,
But then it kinna cheer't me.'

'See, here's a penny, guid aul' wife,
Sorry to be behauden,
(It is my last but freen's maun pairt)
Jist gie me yae wee puddin'.'

Compassion filled the aul' wife's heart
Although she michtna' show it,
She picked the biggest i' the shop
An' gied it tae the poet.

Syne doon the street, while through his duds
The sleety win' gaed scuddin',
An' closely to his bosom pressed
Nestled that sonsie puddin'.

He reached the door, thrust in the key –
The lock was aul' and rustit.
Sae stiff it was yae frozen haun'
Was tried in vain tae twist it.

He laid the puddin' gently doon,
Applied the double pressure,
When, lo! a cat a prowlin' roon,
Abscondit wi' his treasure.

'Come back! come back!' he cried in vain
As ower the ruif 'twent scuddin',
Then beat upon his breist an' cried –
'My puddin'! Oh, my puddin'!'

'Twas vain, he couldna' reach the place
Whilk that his heart was bent on,
Puss ate the puddin' afore his face
An' he was left lamentin'.

C S

THE LUM HAT WANTIN' THE CROON

The burn was big wi' spate,
An' there cam' tum'lin' doon
Tapsalteerie the half o' a gate,
Wi' an auld fish-hake an' a great muckle skate,
An' a lum hat wantin' the croon!

The auld wife stude on the bank
As they gaed swirlin' roun',
She took a gude look an' syne says she:
"There's food an' there's firin' gaun to the sea,
An' a lum hat wantin' the croon!"

Sae she gruppit the branch o' a saugh,
An' she kickit aff ane o' her shoon,
An' she stuck oot her fit – but it caught in the gate,
An' awa' she went wi' the great muckle skate,
An' the lum hat wantin' the croon!

She floatit fu' mony a mile,
Past cottage an' village an' toon,
She'd an awfu' time astride o' the gate,
Though it seemed to gree fine wi' the great muckle skate,
An' the lum hat wantin' the croon!

A fisher was walkin' the deck,
By the licht o' his pipe an' the mune,
When he sees an auld body astride o' a gate,
Come bobbin' alang in the waves wi' a skate,
An' a lum hat wantin' the croon!

"There's a man overboord!" cries he,
"Ye leear!" says she, "I'll droon!
A man on a boord! It's a wife on a gate,
It's auld Mistress Mackintosh here wi' a skate,
An' a lum hat wantin' the croon!"

Was she nippit to death at the Pole?
Has India bakit her broon?
I canna tell that, but whatever her fate,
I'll wager ye'll find it was shared by a skate,
An' a lum hat wantin' the croon!

There's a moral attached to my sang,
On greed ye should aye gie a froon,
When ye think o' the wife that was lost for a gate,
An' auld fish-hake an' a great muckle skate,
An' a lum hat wantin' the croon!

DAVID RORIE

'GLEN', A SHEEP-DOG

I ken there isna a p'int in yer heid,
I ken that ye're auld an' ill,
An' the dogs ye focht in yer day are deid,
An' I doot that ye've focht yer fill;
Ye're the dourest deevil in Lothian land,
But, man, the he'rt o' ye's simply grand;
Ye're done an' doited, but gie's yer hand
An' we'll thole ye a whilie still.

A daft-like character aye ye've been
Sin the day I brocht ye hame,
When I bocht ye doon on the Caddens green
An gi'ed ye a guid Scots name;
Ye've spiled the sheep an' ye've chased the stirk,
An' rabbits was mair tae yer mind not work,
An' ye've left i' the morn an' stopped till mirk,
But I've keepit ye a' the same.

Mebbe ye're failin' an' mebbe I'm weak,
An' there's younger dogs tae fee,
But I doot that a new freen's ill tae seek,
An' I'm thinkin' I'll let them be;
Ye've whiles been richt whaur I've thocht wrang,
Ye've liked me wheel an' ye've liked me lang,
An' when there's ane o' us got tae gang -
May the guid Lord mak' it me.

HILTON BROWN

THE RICKETY 'BUS

It lacks the fine feenish an' city-bred air,
The rickety 'bus in the country-toon square,
But it's grand when the driver says: "Richt awa' noo;
There's nae sign o' Wull, an', forbye, we're near fu."

Then he coaxes the starter, the clutch, an' the brake,
An' the flair starts to dance an' the windas to shake;
There's a screech, then a breenge that sets shooglin' oor banes,
An' we stot through the toon ower its auld cobble-stanes.

She's across the wee briggie an' doon past the mill,
She wheechs roon' the bend, an' she pechs up the hill;
There's laughin' an' crackin', a lang drawn-oot sigh,
An' Jock on the baker's van hails us gaun by.

The distant hills birl to the swish o' the trees,
The sweet scent o' wuid-smoke comes doon on the breeze;
There's a lamb on the road, far stravaiged frae its maw,
An' we stop while the driver lad shoos it awa'.

Aye, it hasna' the feenish, the city-bred air,
Yet the finest o' roadsters was never sae fair
As that rickety 'bus, 'mang the folks that I ken,
When she takes the last bend to my hame in the glen.

MATT. FREELAND

THE GAMES

Losh! whatna thrangity's this in the clachan?
Sirs! whatna steer in the kintry the day!
Pipers a' skirlin', an' lassocks a' lauchin',
Ilka doug bowffin', an' a'body gay.
GAMES! Weel I wat to the games ye maun hasten,
Nae ither ploy can entice ye ava;
Pipin' an' dancin' an' wrastlin' an' racin',
Throwin' the hammer an' puttin' the ba'.

Here's an event to pit men on their mettle:
Village teams meet in a keen tug-o'-war;
Oor lads'll win it, ay, that's what they ettle,
Pu', callans, pu'! Tits! they've couped in the glaur!
Watch the big polisman tossin' the caber.
Gosh! whatna weicht for a man that's sae stoot!
Paddy, the poacher, says – "Gie me hard labour,
Dinna ask me to heave pine-trees aboot!"

See the wee dancers, sae tosh in their tartans,
Hingin' wi' medals that jingle an' shine.
Pipers are blawin', as rid-faced as partans.
Man, but the music o' pipes is divine.
Noo comes the sack-race, an' hech! whatna whummle!
Wee Duncan loups like a rale kangaroo.
Duncan'll win! Ach! he's gotten a tum'le!
Noo we'll gang hame for the games are maist through.

W D COCKER

SANDY GRAY'S JACKDAW

Since stately ravens, doos and craws,
An' Lord High Cardinal's jackdaws,
Hae a' been sung time after time,
I'll in this screed o' hame-spun rhyme
Aboot my hero say a word!
Though but a puir man's humble bird,
He grew as braw an' gleg an slee
As e'en the daw o' Rheims could be.
His maister was auld Sandy Gray,
Kenn'd in oor parish mony a day.

That daw was wise to sic a pitch
As garred some think he was a witch.
To see the way his head he cockit
Would lauchter frae a stane provokit.
To croon a', wi' distinctness rare,
The daw had learned to curse an' swear.
Amang the ither things it said
Was this – aye when on worms it fed –
Afore ilk ane gaed ower its gabbie,
It hoarsely cried, 'Blast ye, I'll nab ye!'

On Kirkton glebe that denty chield,
John Tamson, ploughed his maister's field;
The mornin' filled his heart wi' glee,
And garred him whistle merrily;
And 'Jess' and 'Sharp', his bonnie pair,
Wi' cheerin' willin'ness toiled sair.

Ahint the plough, as on it sped,
Upon the upturned worms there fed
A flock o' birds o' mony a kind,
An' fleein' closely up behind,
Wi' mony a cushie doo an' craw,
Cam' oor friend, Sandy Gray's jackdaw;
Nae doot he thocht himsel' richt happy
To feast on fare sae fresh an' sappy.

The daw amang the lave alichtit
Ahint the plough, a' was delichtit
That sune a tender worm he spied,
And, 'Blast ye, I'll nab ye' lood he cried.
John start at the awfu' word,
An' lookit roun', but save the birds
Amang the yirth, nocht could he see
In a' the field. What could it be?
He scartit's head and pu'd his beard,
Dumfoonded at the words he heard.
At last, concludin' 'twas the cry
O' some schule laddie passin' by,
He whistled up a lively tune,
But barely was ae measure dune,
When in his lug, wi' fearsome shock,
Again, 'Blast ye, I'll nab ye,' broke.

He glowered an' glowered, but nane was near,
His hair like birse stood up wi' fear;
He faund a cauld sweat ower him brackin',
Like winnel-straes his legs were shakin';
But short gate gaed his trusty pair,
When as distinctly cam' since mair,
That awfu' threat, and aiths beside;
'Oh, mercy me! I canna bide
This langer, for I'm sure the deil
Has ta'en possession o' this fiel'.
Unseen, he's near, an' swears to nab me!
Losh! I'll be aff, for fear he grab me!'
Wi' that John fast unyoked the plough,
An' to the manse like lichtnin' flew.

Oor minister, though weel respeckit,
O' heresy was whiles suspeckit;
An' at this time it was alleged
He was impiously engaged
In writin' – tryin' to deny
Auld Satan's personality.
'Oh, Master Honeyman,' John pantit,
'I'm sure that field o' yours is hauntit –
Inveesible, the deil himsel'
Rampages round – the truth I tell.'

'Stuff!' quoth the minister. 'You dare
To tell me that the deil was there,
And yet he was not to be seen!
Man, John, I know not what you mean.'
'I heard him, though,' puir John replied.
' "Blast ye! I'll nab ye," thrice he cried.'
' 'Twas mere imagination, John,
Or maybe you've been played upon
By some wild wag – besides, you know,
The devil is a spirit, so
Dismiss such fancies from your head,
Or act on what's in Scripture said –
If he persists in his on-waitin',
Just say, "Get thee behind me, Satan!" '
But John was unconvinced as ever,
'Weel, minister, I'm sure I'll never
Gae near that field except wi' you,
Though a' ye've said may be quite true.'

'Come on then, John, I'll let you see
Your deil will not dare frighten me.'
Wi' that, baith minister an' man
Were sune amang the hauntit lan'.

The crood o' doos an' greedy craws,
An' Sandy Gray's and ither daws,
Lamentin' sair the stan'in' plough,
Far ower the new-made furrows flew;
But ere the plough was weel re-yokit,
Back to their former quarters flockit.
By John's side, sowfin' ower a sang,
The minister stepped brisk alang;
But sune his sceptic mood was broken,
They heard 'Blast ye, I'll nab ye!' spoken.
Half glintin' round, he didna' speak;
But John's knees shook – white grew his cheek.
The words like daggers in him dug,
He whispered in the parson's lug –
'That's him again! Did you no' hear?
An' yet there's nae a creatur' near.'

'No,' said the minister, pretendin'
Ne'er to hae heard – without intendin'
A wilfu' lee, for he believed,
Through some strange cause, his ears deceived.
'Just as I said – imagination –
A creature of the mind's creation.'
Feared to offend, John said nae mair,
But wished himsel' some ither where.
The plough kept turnin' up the sod,
When, wammlin' frae ae muckly clod,
Twa worms the speakin' daw espied.
'Blast ye! I'll nab ye baith!' he cried,
An' cursed an' swore wi' a' his micht!
They lookit round, bombaized wi' fricht,
Struck speechless, minister an' man
At once took to their heels an' ran,
Leavin' the horses wi' the ploo,
They ower the fields thegither flew,
Till down John fell amang the dreels,
The minister next, head over heels,
Gaed spinnin' like a harlequin!
They gathered up themselves to rin,
Though noo they couldna flee sae fast,
They hirpled to the manse at last,
Their duds a' torn, wi' gutters heapit,
Thankfu' they frae the deil escapit.

Oor minister has been sin' syne
A true-blue orthodox divine.
It's hintit since sae strict he turned,
He a' his heterodoxies burned.
John flittit: he would plough nae mair
Whaur Sawtan floggit him sae sair.

PETER WHYTOCK

AULD MAG

It was wae to see her wauchle, and her heid hing dowie doon,
A' heedless o' the cheepin' and the chirpin' o' the loon;
And ilka fit she liftet played dirl on yer hairt,
It was sic a trail and trauchle, jist tae pu' a toom cairt.

The maister, in his mercy, wad bid the lad be canny,
And treat her jist as tentie as gin she were his granny.
He whiles spoke o' the knackerty, but swithert day by day,
Ey hopin' that the Lord wad come and tak' the meer away.

When spring cam' green and gressy she was put tae the park,
In sunny days tae wander, and listen tae the lark;
An', gin the nichts were weet and snell, she wad be brocht
   in-bye
Tae the lown end o' the stable on a cosy bed tae lie.

Bit ey aboot the winter she was set tae work a wee,
Jist as much as a bit daunner tae an aged man wad be;
But when the roads were sliddy, or cam' a sleety hash,
She was tiddet in the stable and supper't on a mash.

It was auld Geordie Guthrie, noo roadman at Pethheid,
That had the bre'kin' o' her, when as a hind he fee'd;
And I have heard him say it – ay, owre and owre again –
Her like – o' a' he'd han'led – ne'er stentit tae a chain.

The first day o' her yokin' she tae the collar took,
As a dowg wad take tae barkin', or a scholar tae a book;
Of coorse, a trifle hasty, bit, ere she'd turned three furs,
The twaesome held thegither, jist like a pair o' burrs.

As steady as a templar she keepet tae her wark;
At the first cheep, like a sprinter, she ey got aff the mark;
Bit, comin' hame at lowsin', he had tae keep a grup,
For she canter'd and she caper'd, as playfu' as a pup.

She grew jist as auld-farrant as a fiddler at a fair;
At teatime, at the endrig, she looket for her share;
She wad nose him wi' affection as fain as ony jad,
That fondly kissed and cuddled in the airms o' her lad.

Wi' her heid turned roond tae greet him, as far's her tether
  raxed,
She nichered ilka mornin' as gin she wad hae axed –
"Man, Geordie, hoo're ye keepin', and hoo is a' at hame?"
And Geordie wad say, "Brawly," or " 'Weel, jist much the
  same."

She was a pawky craitur, and kindly was she tret;
She was dautet like a bairn, and was ilka body's pet;
And, as she got the aulder, when she cam' thro' the toon,
She got a word frae ilka yin, wife and lass and loon.

The cairt frae the knackerty, wi' Maggie for a load,
Passed Geordie by, a week syne, alang the Crichton road;
There was a cover owre her, and a poke aboot her heid,
But he saw twae huifs hing oot ahint – he kent that Mag was
  deid.

He liftet aff his bannet, he tried tae say, "Guidbye,"
Bit the words somehoo got hanket, his throat was geyan dry;
Bit his een they held a langidge, that nae tongue ever speaks,
As saft's a dewy gloamin', and the tears rowed doon his cheeks.

ANDREW DODDS

FRAE SKYE

He raxed the Bible till him
And he pounded it fu' weel,
And he aye drave on straucht forret
On a true and even keel;
And whiles he let a tear drap
And his words were Hieland steel.

He had come doun frae the Hielands
And his last kirk was in Skye,
Where it rains for years thegither
And there's nocht but sheep and kye;
And the feck o' folk were greetin'
When he cam' to say 'Gude-bye.'

And when he gaithered thunder
Ye could see the Skye hills lowr;
And ye jumped as at a thunder-clap
When he gi'ed the Book a clour;
He could preach withoot a bre'k frae twa
Till the knock was strikin' fower.

And the Skye men in the city
Gaithered wisdom when he spak',
And aye there as they listened
They wushed that they were back,
Where the win' blaws on the loch and glen
And mists blot oot the track.

There was naething in the toun for them
Whateffer micht befal';
Gude be thanked there was a Sabbath
When they met at al' at al';
Through the week they spoke the English
And the Glesca' streets were caul'.

Oh! but when the Sabbath day cam' roun'
They could dress, and in the kirk
Could see Christina and Rose Ann
Chust as if they didna' work,
Be real leddies, ay, and chentlemen
Frae mornin' dawn to mirk.

Oh yes! Oh yes! and hear again
The Gaelic sweetly soun',
And efter al' there wass some joy
In bein' in the toun,
For Christina had been belle in Skye
For miles and miles aroun'.

Atweel, but we had got to go,
We canna' a' grow rye,
And the minister was the good man
And we cann' a' hae kye;
And he could preach till it was fower,
And he had come frae Skye.

T S CAIRNCROSS

PROVOST O' KILBOGGIE

Wha doesna ken Kilboggie,
That trig, auld, steerin' toon?
There's no' a toon the mak' o't,
Search Scotland up and doon;
It breeds big men, Kilboggie;
There's me, – and Provost Broon!

Dinna ye ken the Provost?
Losh, man, but that's your loss:
There's few to match oor Provost,
Sae canny he, and closs;
A fell hard nut is Peter,
And faith! but he's no' boss!

A pawky cheild the Provost,
And no' to say ower shy
In bragging-up Kilboggie,
Its climate and its kye,
Its lassies, and its gowf-links, –
Wi' muckle else forbye.

He drives a thrawart Council
The gate he wants to gang;
He tells the Auld-Kirk Session
What's richt, and wha is wrang;
And if they argy-bargy –
Gosh! but he keeps them thrang!

Ilk year he gangs to Lun'on
The toon's affairs to redd;
He kens the law-folks brawly
And beats them at their tred;
They canna jink the Provost, –
For he's Kilboggie bred!

And when it comes to politics,
Wi' cronies ower a dram
The truth ye'll hear frae Peter;
Their shuffle and their sham,
And a' their glibbest promises, –
No' worth a tinkler's damn!

He's pridefu', whiles, the Provost,
But no' to say ower prood;
He blaws his ain bit trumpit,
But no' to say ower lood;
A godly man, in reason,
But no' a goody-good!

A hearty lad, is Peter,
And nae close-fisted loon;
A model to the County,
A credit to the toon; –
Then here's to auld Kilboggie
And here's to Provost Broon!

HAMISH HENDRY

JOHN THOMSON'S CART

Auld John Thomson rode home frae the fair
  Late, late on a cauld winter nicht O!
He had toomed his three coggies and maybe ane mair
  Nae ferlie, his heid it was licht O!
But his horse kenn'd the gate sae John lay in the cart
  Sleep as sound as a tap O!
And the horse draigled on through the sleet and the clart,
  While Johnnie lay takin' his nap O!

At length, at the foot o' a stieve an' stey brae
  Auld Bawsie drew breath an' stood still O!
An', dozin', fell dreamin' o' sweet scented hay.
  While Jock dreamt o' rich reamin' yill O!
John Thomson's gude wife cam her liege lord to seek
  Wi' a bowit that shone like a star O!
For though she had lectured hime week after week
  He grew aye longer the waur O!

'My certie!' quo' she, 'but I'll play him a fleg.
  As sure as Jean Thomson's my name O!'
Sae frae the cairt-trams she lowsed the auld naig
  An' slippit straught awa' hame O!
The wind it blew bleak and John Thomson awoke
  An' he hyted, he huppit in vain O!
He ferlied what gaured his horse stand like a stock
  Till he graipit an' felt it was gane O!

Syne back to the toll in a hurry he ran
  An' the toll man, he wauked in a fricht O!
'Can I be John Thomson? Come, tell me, gude man,
  Has John Thomson passed by the nicht O?'
'Gude help us man Jock, is't yersel' or yer ghost?'
  The toll man he cried wi' a start O!
'Gin I be John Thomson, a horse I hae lost,
  But gin no', I hae found a cart O!'

John Thompson grew sober, John Thompson ran hame.
  Skelp, skelpin' through dub and through mire O!
He was met at the door by his couthy aul' dame,
  Who luggit him straucht tae the byre O!
There his horse stood fu' snug, 'Aye, puir Bawsie,' quo' she
  'He eats, he drinks only his fill O!'
'Oh,' quo Jock, 'but he hadna' a crony like me.
  Saying "Here's t' ye owre a drap o' yill O!" '

JAMES BALLANTINE

BURNS' CENTENARY

I'll be more respected a hundred years after I am dead
than I am at present – R B, 1796.

"My fame is sure; when I am dead
A century," the Poet said,
"They'll heap the honours on my head
 They grudge me noo;"
To-day the hundred years hae sped
 That prove it true.

Whiles as the feathered ages flee,
Time sets the sand-glass on his knee,
An' ilka name baith great an' wee
 Shak's thro' his sieve;
Syne sadly wags his pow to see
 The few that live.

An' still the quickest o' the lot
Is his wha made the lowly cot
A shrine, whaur ilka rev'rent Scot
 Bareheadit turns.
Our mither's psalms may be forgot,
 But never Burns.

This nicht, auld Scotland, dry your tears,
An' let nae sough o' grief come near's;
We'll speak o' Rab 's gin he could hear's;
 Life's but a fivver,
And he's been healed this hundred years
 To live for ever.

CHARLES MURRAY

JOHN O' LORN

My plaid is on my shoulder and my boat is on the shore,
And it's all bye wi' auld days and you;
Here's a health and here's a heartbreak, for it's hame, my dear,
   no more,
To the green glens, the fine glens we knew!

'Twas for the sake o' glory, but oh! woe upon the wars,
That brought my father's son to sic a day;
I'd rather be a craven wi' nor fame nor name nor scars,
Than turn an exile's heel on Moidart Bay.

And you, in the day-time, you'll be here, and in the mirk,
Wi' the kind heart, the open hand and free;
And far awa' in foreign France, in town or camp or kirk,
I'll be wondering if you keep a thought for me.

But never more the heather nor the bracken at my knees,
I'm poor John o' Lorn, a broken man;
For an auld Hielan' story I must sail the swinging seas,
A chief without a castle or a clan.

My plaid is on my shoulder and my boat is on the shore,
And it's all bye wi' auld days and you;
Here's a health and here's a heartbreak, for it's hame, my dear,
   no more,
To the green glens, the fine glens we knew!

NEIL MUNRO

PAPER KATE

Wha but kens o' Paper Kate?
Trudgin', pechin' air and late,
Sair forfouchen, never bate,
Reg'lar as the post was Kate.

Winter storms micht rage and blaw,
Roads be deep in driftit snaw,
Bus micht coup and train micht wait,
But nocht could taigle Paper Kate.

Up the mile-lang village street
Cam' the trot o' Katie's feet;
Roun' the farms and villas nate
Nae dog barked at Paper Kate.

A' the weanies in the place
Kent her wee roun' wrunklet face;
Rinnin' scuddy to the gate,
Aft they welcomed Paper Kate.

Kate had crack for auld and young –
Wha was deid and wha was hung,
And a' the great affairs o' state,
Nane could reel them aff like Kate.

Katie's shawl – 'twas ocht but warm –
That shielded aye her ware frae harm,
Lang had lost its young conceit
When first it met wi' Paper Kate.

Katie's shoon – in winter worn –
Aff were flung at May's return:
"Shoon an' siller's ill to get –
Hackit heels are cheap!" quo' Kate.

Blithe when weary banes were sair,
Cheery aye, though auld and puir;
Nane that ever foucht wi' Fate
Kept a spunkier heart than Kate.

But ae winter mornin' snell
Puir auld Katie slip't and fell:
Hame was carried, cauld and quate –
Syne we heard nae mair o' Kate.

Where she lies there's few that care –
Whiles a daisy waukens there;
But for stane, or name, or date,
Wha wad fash for Paper Kate?

WALTER WINGATE

HIS CHUM

I saw 'm first, ae term-day, daun'rin' doon
The main-street o' oor far-famed granite toon –
A weel-faur'd hefty youth; an' near by till 'um
A rosy country-queyn fa ca'd 'm "Willum."

Willum – a gleg an' pawkie chiel wis he –
Stopt at a baker's shop that caught his e'e;
Syne waukit in, an' shortly cam' oot chowin'
A tipp'ny mince-pie wi' 's een fair lowin'.
Wi' wistfa' look puir Jenny's blue een shon' –
She winnert at his greed. Or wis't pit on?
"Is't gweed, lad?" said she. Wi' an awfa grin,
He jist said till 'er, "Ay, ye should try ane!"
"Gae back, ye greedy gowk! Get ane for me!"
An' back he gaed richt smairtly, an' brocht three.

'Twis at a plooin' match I saw 'm next,
Amang a wheen o' ither lads, perplext
Ower fa the first prize should be 'wardit till –
Their ain rigs they hid ploo'd fae mere gweedwill.
"Weel, fa'll be first?" said I, wi' smilin' mou'.
"Gweed kens!" said Willum, wi' a troubled broo.
I saw 'm later, Faigs! he wisna glum:
"I kint," said he, "the best man wis ma chum."

I heard o' 'm aince again. 'Twis ower in France;
The Huns hid brakken throo by some mischance;
An' e'en the Gordons wir sae sair distrest,
Some miles they hid tae yield, syne stopt tae rest.
Tae's Captain, Willum said, "Sir, lat me back!
Back there a bit, ma chum lies on the track!"
"You foolish fellow," said he in command,
"They'd get you there: 'tis an unhealthy land!"
"Jist lat me gyang!" wis Willum's earnest prayer.
"Go back then, if you must, my lad. Take care!"

"Fa's that, that's comin' stagg'rin' on oor wy –
A man o' 's back, woondit himsel', forbye?
Gweed help's, it's Willum!" And the weary man
Reaches the shelt'rin lea o' their dour stan'.
The burden's lowert gently. Bit, eh me!
'Twis bit a corp, as ilka ane could see.

"You foolish fellow," said, with feigned displeasure,
The gallant Captain, who had Willum's measure,
"Amazed was I that you should even ask
To go back there. Yours was a useless task!"
"Na, na, sir!" Willum said, "it wisna that!
For, fin ane's awfa sair come at,
It's gweed tae ken that something stan's the strain
O' a' this hell o' warfare's bleed an' pain;
Fin I got till 'm, he lay deidly quait;
But sune he ope'd his een – O, sir, 'twis great! –
Ae smile he gied an' said, 'I kint ye'd come!'
Ye see, sir, " Willum said, "He wis ma chum!"

THOMAS MCWILLIAM

THE FIDDLER'S SANG

Whae wad be tethert tae a wife,
Tae clawt and claw and cangle,
And e'en a morn mak' o' his life
A discord and a jangle?
O, better far tae be like me,
Wi' elbuck jinks tae diddle,
And sit at hame in harmony
And concord wi' a fiddle.

> Diddum, doodum, diddum, dae,
> Diddum, doodum, diddle,
> Tae sit at hame in harmony
> And concord wi' a fiddle.

I'm nae sae cauld bit I can kiss –
And whae than Fiddler's fitter?
Bit ne'er was I sae blind wi' bliss
As step intae the guitter.
The lassie that I kissed yestreen
Was Loggie's lassie Esther,
Bit jist as pleased I wad hae been
Wi' the young wife o' the maister!

> Diddum, doodum, diddum, dae,
> Diddum, doodum, diddle,
> Tae sit at hame in harmony
> And concord wi' a fiddle.

Sae I will kiss and come again;
And life I'll mak' the best o't:
When wedlock waits east o' Traprain,
Ye'll find me tae the west o't!
The lass whae'd take my fiddle's place –
Guid faith! I've yet tae meet her;
A wife wi' age geets soor o' face,
A fiddle ey the sweeter.

> Diddum, doodum, diddum, dae,
> Diddum, doodum, diddle,
> Tae sit at hame in harmony
> And concord wi' a fiddle.

ANDREW DODDS

THE AULD DOCTOR

O' a' the jobs that sweat the sark
Gie me a kintra doctor's wark,
Ye ca' awa, frae dawn till dark,
   Whate'er the weather be, O!

Some tinkler wife is in the strae,
Your boots are owre the taps wi' clay
Through wadin' bog an' sklimmin' brae
   The besom for to see, O!

Ye ken auld Jock o' Windybarns?
The bull had near ca'ed oot his harns,
His een were blinkin' fu' o' starns,
   An' doon they ran for me, O!

There's ae guid wife, we're weel acquaint,
Nae trouble's kent but what she's taen't,
Yet aye she finds some new complaint,
   O' which I hae the key, O!

She's had some unco queer mishaps,
Wi' nervish wind and clean collapse,
An' naethin' does her guid but draps –
   Guid draps o' barley-bree, O!

I wouldna care a docken blade,
Gin her accoont she ever paid,
But while she gi'es me a' her trade,
   There's ne'er a word o' fee, O!

Then De'il hae a' thae girnin' wives,
There's ne'er a bairn they hae that thrives,
It's aye the kink-hoast or the hives
   That's gaun to gar them dee, O!

Tak' ony job ye like ava!
Tak' trade, the poopit or the law,
But gin ye're wise ye'll haud awa'
   Frae medical degree, O!

DAVID RORIE

GLESCA'

Hech, sirs! but I'm wabbit, I'm back frae the toon;
I ha'ena dune pechin' – jist let me sit doon.
I'm for nae mair o' Glesca', an' that's shair as death;
But ye'll hear a' ma crack when I've gotten ma breath.
Eh, man, I'm forfochen! Is't drouthy I look?
Aye, weel could I dae wi' a waucht o' soor-dook.
Dod aye! I'm fair dunner't, an' think it nae shame;
It's an awfu' place, Glesca'; I'm gled tae get hame.

For mony a year noo we've ettled tae gang;
An' noo that we've dune it I think we were wrang;
But we're spared tae come back tae the place that we ken,
An' the weys we're aquant wi' up here in the glen.
We stertit this mornin', John, me an' the weans –
It's an unchancy business this trevellin' in trains –
Ilka station we stopp'd at John speir'd for its name;
But when we reached Glesca' I wish'd we were hame.

For the reek o' the toon rase frae thousan's o' lums;
An' the roar o' its streets was like duntin' on drums.
What a thrangity! folk gaed in droves thick as craws;
An' ye couldna see naethin' for hooses an' wa's.
I cried: "Michty me! this is somethin' extr'ornar'!"
John stepp'd oot gey bauldly, said, "Naethin' byor'nar'."
Wi' a wean in ilk oxter, ma he'rt in ma wame,
I followed him sighin': "I wish we were hame."

When John cried: "Yon ill-lookin' chiel wi' the slooch
That stottit agin me has rypit ma pooch!"
Ma he'rt gi'ed a stoun' an' ma heid gi'ed a whirl.
Then a big, feckless polisman birl't on his birl,
An' syne wi' anither gaed daunerin' roon' –
Ye can lippen tae naebody there in the toon.
Then John cried: "Ma siller's a' richt, I'm tae blame –
It's here in ma breeks. Dod! I wish we were hame."

85

I'm wae for puir bodies that bide in thae streets:
Nae gress for their coo or for bleachin' o' sheets;
An' the caurs an' the wa's are a' cover'd wi' bills,
Sic as "Keep tae the left" an' "Try Thingummy's pills";
An' the folk hae tae thole a' thae fashious instructions.
Faith! try it in Kippen an' there would be ructions!
I said this tae John an' he thocht jist the same:
"It's a dowie place, Glesca', I wish we were hame."

We speir'd for a place tae get somethin' tae eat,
An' sune were direc'it tae ane ower the street.
Sae we joukit twa lorries, three caurs an' a hearse,
An' syne we collec'it in-by nane the warse.
I order'd some milk an' twa-three cogs o' brose;
But the besom wha sair'd us jist turn'd up her nose.
"Is that Glesca' mainners?" says I, "Lass, think shame,
We ken better in Kippen." An' syne we cam' hame.

W D COCKER

THE RAGGED LOON

He ran aboot street corners
Ahint trams and motor-cars,
And he raked among the ash-bins
And sleep't aneth the stars.
He was jauped and gey ram-shackle,
And his breeks hung gey far doun;
And his hoast was whiles fell roupy,
The wee bit ragged loon.

He had on his faither's jaicket,
And his sark was warlds owre big;
And his tousled pow had naething
But a theik o' Nature's rig.
Where his howff was nane could tell me,
But I think he awned the toun;
He was aye as blithe's a lintie,
The wee bit ragged loon.

He cadged papers, diaries, matches,
At the corner o' the street,
When he wasna' on the causey
Playin' fitba' wi' bare feet.
It micht be weet or rooky
Or the snaw be flitterin' roun,
You'd ha'e thocht he'd made his fortune,
The wee bit ragged loon.

And mensefu' merchants happit
Wi' wechty coats gaed by,
And his chafts were blae and shilpie –
Though last week he had a pie; –
And his haun's were hacked and chappit;
But ye heard his lang lauch soun'
Roun' the gusshet 'or ye saw him,
The wee bit ragged loon.

And the rich folk passed a' pechin',
He had riches o' his ain
And his lauch was worth a kingdom
Where he champit in the rain.
Some said he had a barrel
That he rented for a croun
Where he roosted a' the winter,
The wee bit ragged loun.

In the haar the rich folk wun'nered
Hoo he leeved withoot a hoose,
And they guzzled at their tables
When he nibbled like a moose.
I thocht he had the best o't
Though he hadna' even shoon;
He was lichtsome – as they werena',
The wee bit ragged loun.

T S CAIRNCROSS

THE ISLE OF SKYE

When wild winds fling against the door,
Beside the ingle blazing bright,
I like to sit alone, and pore
Upon my book of dreams at night:
A book that is a heritage
Thro' Celtic blood that I came by,
And fain I linger o'er the page
That tells me of the Isle of Skye.

I never sailed into Portree,
Nor found the road to Bracadale,
But in the dreams that come to me
Adown the roaring of the gale,
I've seen the shielings on the wild,
I've heard the plaintive moorbird's cry,
I've walked the gloaming as a child,
Thro' elfland in the Isle of Skye.

I've sat beside the glowing peat
O' winter nights, and heard the tales
They tell beyond the Sound of Sleat
When round the roof the wild wind rails;
I've heard the pipes out o'er the hill
On moonlit nights grow faint and die,
With glamorous tunes that rake and thrill
The hearts of men away in Skye.

Tho' I ne'er sail into Portree,
Nor find the road to Bracadale,
The windy nights will bring to me
The fairy folk to read the tale,
To read the tale told round the peat
That's in the book that I've come by,
Of lands beyond the Sound of Sleat,
My mother's home, the Isle of Skye.

ANDREW DODDS

THE HAUDIN' O' THE PLOO

I hinna muckle Latin,
An' I'm unco short o' Greek,
An' for tae haud the pen, awat,
My fingers seldom seek;
I mey be geylies clorty
At the milkin' o' a coo,
But deil a ane'll cowe me
At the haudin' o' the ploo.

Jist set me tae the ley-rig,
Or on a stibble brae,
I carena' wha may scan my wark
Ere gloamin' o' the day;
It maybe soun's gey bigsie kind
Like some chiel bletherin' fou',
But nane e'er steid anent me
At the haudin' o' the ploo.

Wi' dainty kind o' livin' fowk
I hae but little pairt,
For wi' their mimms an' menners, haith,
I fairly wad get lair't;
But still for a' their fal-de-rals,
Their gowns an' silken hose,
There's fent a ane'll bleck me
At the suppin' o' the brose.

I lift my cap tae learnin',
For I never had the chance,
Tho' aye I held my ain wi' ease
At raffle or at dance;
Wi' college chiels I may be blate,
At logic rarely shine,
But ne'er a ane can cowe me
At the kissin' o' a quine.

Lat ithers boast o' riches,
They hae nae fash for me,
I'm better far wi' a' the gifts
That brosy health can gie;
I hae twa willin' workin' nieves,
An' crouse I'll craw enou',
For they never met their marrow
At the haudin' o' the ploo.

G P D, 'Stoneywood'

THE BUS CONDUCTRESS

Yae mirk, wat nicht I trevel't doun
To Craigenpittock – wee ferm-toun.
I gaed by the bus – nae train rins near it –
An' as for my gate, I had to speir it;
For roads ye may ken in clear daylicht
Are no' sae easy to seek by nicht.
The bus conductress, blythe, braw lass,
A cheery word wi' a' did pass;
Sae I speired at her, though I'm blate a bittock: –
"Can ye tell me the road to Craigenpittock?"
She gied me a smile that was kind indeed: –
"I'll pit ye aff at the loanin' heid.
Jist sit ye doun, sir, I'll no' forget."
Thinks I, my lassie, I'm in your debt.
I'm in your debt for that winsome smile
That'll cheer my he'rt for mony a mile.
Sae aff we rummeled in dark an' rain,
While my he'rt was singin' a glad refrain.
I thocht a smile an' a freenly word
That comes as licht as the sang o' a bird
Is easy to gie, an' is freely given,
But it coonts nae less in the scroll o' heaven.
We stoppit here, an' we stoppit there,
While the bus upliftit mony a fare;
There were ferm-lads, aff to some country dance,
An' lassies, toshed in their braws. Romance!

An' a' to the blythe conductress spoke,
Wha punched their tickets, an' cracked a joke.
There were frail auld men that she helpit aff –
Be they e'er sae auld she could gar them daff;
There were wives wi' weans that she helpit on,
Then her smile – nae angel could smile like yon!
Thinks I, my lassie, I weel can tell
Ye'll hae weans o' yer ain some day yersel',
An' a man forby that'll lo'e ye weel,
For I ken, by the look o' ye, ye'll be leal.
Sae the lang bus journey swift did pass
While the poet dreamed o' a heedless lass.
For she took me a mile an' a lang, lang bittock
Past the wee ferm-toun o' Craigenpittock.
She said she was sorry, she clean forgot,
An' she gied me a smile – but *ach, to pot* !

W D COCKER

GRANNY'S PROVERBS

Douce granny had nowth o' proverbial lear
The auld pawky sayin's weel-kent in her day:
As shair as a braw lassie's wedding drew near,
'A bride that is bonnie's sune buskit,' she'd say.

She'd proverbs in plenty for ilka event,
'A gaun fit's aye gettin,' to pedlars cam' pat.
An' brawly the bairns jaloused what this meant –
'Guid gear's in sma' buik,' there's na doot about that.

She'd proverbs gey pithy for dour Aunty Bell
Like 'Better a grumph than a sumph in the hoose,'
An' even auld baudrons gat ane for himsel' –
'A blate cheety-cat mak's a geyan prood moose.'

Noo granny's awa' frae this warld an' its care,
I think o' her whiles on the heavenly shore,
An' I see her hob-nobbin' wi' Solomon there
An' tellin' him proverbs he ne'er kent afore.

W D COCKER

THE TINKLERS

Doon the loan cam' the tinkler loons,
Wives an' bairns an' a',
Wi' their prood bit stock o' pans an' spoons,
An' frae nane wad they tak' na.

"Guid day tae ye," "God bless us a',
An' a' aboot the place;"
"An' were ye needin' a pan ava?
Fair fa' yer bonnie face."

"A kettle or pat we'll mend fu' neat,
Or a tin can wull we clout;
Or could ye spare a wee bit meat?
Wi' naething we'll cast oot."

"I ha'e neither pan nor pat tae men',
Sae dinna bather me;
An' ye needna' come nae farrer ben,
For nocht awa' I gie."

"Ye couldna' spare an auld coat, then?
It's wat the nicht'll be;
An' it's geyan cauld tae mornin', mem,
An' hameless folk are we."

"Just tak' some tent o' us puir folk
Camped oot upo' the lea;
Gie us a thocht as yer door ye lock,
An' yer bairns in bed ye see."

"I canna spare a wee bit breid,
Nor yet a pickle tea;
Gin ye wad work, ye wadna need
Tae beg frae folk like me."

"The fat coo lo'es the mucky byre,
An' stalled in yours are ye.
But gie tae me the tinkler's fire,
An' the soo may hae its cree."

SANNY MCNEE

SAUNDERS MACSICCAR

Ae müneless nicht in a blear October
Auld Saunders MacSiccar gaed dodderin' hame;
He wasna near fou, nor he wasna richt sober,
Though I sair misdoot if he kent his name;
When there at the cross-roads, staked and tethered,
Glowered a black goat! Or was it a deevil?
"Preserve us," quo Saunders, "since noo we've forgethered,
A sinfu' auld man had better be ceevil!"
　　"You're richt," quo the Goat.

Guid guide us! thocht Saunders, sure this is no' canny,
It's as true as I'm sober I heard the baste speak;
A clever wee deil could change hides wi' a nanny,
And still mak' its hame in the Brunstane Reek;
But natheless it's tied wi' a gey stout tether,
Sae I'll speak it fair, for this cowes the cuddy: –
"Braw nicht," quo Saunders, "and no' bad weather
For deils, or goats, or a daunderin' buddy!"
　　"Braw nicht," quo the Goat.

Weel, that's fair and friendly, thocht Saunders MacSiccar,
And it's plain as his beardie I've naething to fear;
Though I'm no' gaun to argy, and it's ower dark to bicker,
There's twa-three bit questions I'd like fine to speer!
I'm a Scotsman mysel, I was born doon at Fintry,
And this deil has the Scots twang, whaever has bred 'um: –
"Do you no' think," quo Saunders, "oor grand auld kintry
Has drapped a gey hantle o' its dour smeddum?"
　　"You're richt," quo the Goat.

"I kent I was richt, man; and this is the way o't, –
The flyte and the fecht are noo clean oot o' fashion;
Ye daurna noo thraw for the yea or the nay o't,
But pouch your opinions row'd up like a rashion;
It's no' your ain tüne, but what ither folk whistle
That noo ye maun dance till, or else ye'll repent it!
Am I no' richt in saying the prood Scottish thistle
Is no' just as jaggie as what we hae kent it?"
　　"You're richt," quo the Goat.

"The kirks noo," quo Saunders, "hae tint a' their flyting,
Since I was a laddie and crooned ower the Carritch;
Oh! the brisk collyshangie! Oh, the barking and biting, –
Lord! yon was the spurkle steered saut in oor parritch!
But noo things are wersh, – ilka poopit's bow-wowless,
While the Carritch, guid help us, grows shorter and shorter;
It's a dowie auld Scotland, forjeskit and thowless,
Noo the kirks are mixed throwther and brayed in a morter!"
    "You're richt," quo the Goat.

"And whare is the freedom that made Scotland prooder
Than ony prood kintry frae here to the Indies, –
The freedom oor faithers won, shooder to shooder,
When Scotland was Scotland, and shindies were shindies?
Nae dreams for the drouthy, nae honest free drinking;
Laws here and rules there, wi' teetotalers to hinder;
But, between oor twa sels, am I no' richt in thinking
We're no' jist the folk to gang dry as a cinder?"
    "You're richt," quo the Goat.

"Fine I kent I was richt; I've a wonderfu' noddle;
I can see through a whinstane as far as anither;
And if ye're the deil, Gosh! I carena a boddle
For we've 'greed on a' hands, as brither wi' brither.
But I maun get hame, sae I bid ye guid nicht noo;
This road is gey dark, yet I ken a' the links o't;
It's just like the world; and am I no' richt noo, –
The deil and a Scotsman, they ken a' the kinks o't!"
    "You're richt," quo the Goat.

HAMISH HENDRY

94

RUMGUMPTION

DINNA BE DAFT!

Providence canna mak' a'body clever,
Some folk are gomerals, feckless an' saft,
Wantin' in gumption, the puir bodies never
Heed my advice to them – Dinna be daft!

Gin ye're a fisherman hame wi' a saumon,
Bigger than onything ever yet gaff'd,
Tell folk ye've hookit the pride o' Loch Lomon',
Maybe ye bocht him – but dinna be daft.

Gin ye're a gowfer an' land in a bunker,
Naebody's near, sae mak' play wi' your shaft,
Walk to the edge o' the green wi' your plunker,
Drap it, an' putt it, and dinna be daft.

Aiblins ye're coortin' a rich weedow's dochter;
Ken what her tochter is first or ye're saft.
Then, gin she's no' juist as bonnie's ye thocht her,
Mairry her mither, and dinna be daft.

Some folk in search o' some easy-made siller
Speir gin I'll teach them the bard's rhyming craft,
Mair Scottish poets would fair droon the miller!
Wark for your leevin', an' dinna be daft.

W D COCKER

A SCOTCH CAUTION

When steamin toddy steers aboot
Ca' canny!
When maut gets in, whiles wit leaks oot,
Ca' canny!
A wee bit snifter less or mair
Ye'd think was neither here nor there;
But stint your measure: hae a care,
And dinna ye gang ower far, ma mannie!

At supper time, gin ye tak' cheese,
Ca' canny!
Though muckle ye may gulp wi' ease,
Ca' canny!
It's after ye hae gaen tae rest
Ye'll feel that cheese lie on your chest,
And syne wi' dreams your sleep's distressed –
Dinna ye gang ower far, ma mannie!

Gin ye walk oot your lass at nicht,
Ca' canny!
Beware o' trees and braid munnelicht,
Ca' canny!
There's words that ye micht chance tae say
And pranks that ye micht chance tae play,
Whilk ye may rue for mony a day –
Dinna ye gang ower far, ma mannie!

Gin ye aspire tae gaither gear,
Ca' canny!
Dodge a' thing that's unsound and queer,
Ca' canny!
Ye aye shud speir aboot and see
That ye hae guid security,
Or in the puirhoose ye may dee –
Dinna ye gang ower far, ma mannie!

In a' your dealin's watch yoursel',
Ca' canny!
Wha' are your friends ye cannot tell,
Ca' canny!
Juist feel your way before ye gang,
Caution will seldom guide ye wrang;
Keep mind o' this judeecious sang,
And dinna ye gang ower far, ma mannie!

A.B.

GIN I WAS GOD

Gin I was God, sittin' up there abeen,
Weariet nae doot noo a' my darg was deen,
Deaved wi' the harps an' hymns oonendin' ringin',
Tired o' the flockin' angels hairse wi' singin',
To some clood-edge I'd daunder furth an', feth,
Look ower an' watch hoo things were gyaun aneth.
Syne, gin I saw hoo men I'd made mysel'
Had startit in to pooshan, sheet an' fell,
To reive an' rape, an' fairly mak' a hell
O' my braw birlin' Earth, – a hale week's wark –
I'd cast my coat again, rowe up my sark,
An', or they'd time to lench a second ark,
Tak' back my word an' sen' anither spate,
Droon oot the hale hypothec, dicht the sklate,
Own my mistak', an', aince I'd cleared the brod,
Start a'thing ower again, gin I was God.

CHARLES MURRAY

THE GUID SAMARITAN

Lang syne frae auld Jerusalem
Fu' mony a year ago
A packman body took the gate
Doon-by to Jericho.

A gey unchancy road to gang –
The body feared nae ills,
But caterans an' outlawed men
Were hotchin' in the hills.

Oot-ower the glen he had but gane
A mile or maybe twa',
When on him louped a reiver band
Ere whinger he could draw.

They rived frae him his claes an' gear
They clashed him ower the heid,
Syne in a modd-bag on the muir
They left him gey near deid.

An' there, as in a dwam he lay,
A minister cam' by,
A dreich auld body that could gey
For oors ower sermons dry.

The holy man had feared nae skaith
Noo dreid was in his e'e,
He passed by on the ither side
An' left the loon to dee.

An elder o' the kirk neist cam'
Gey crossly doon the brae,
He grued an' said – 'Hoo scunnersome!'
Then hurried on his way.

Then by cam' a Samaritan
An ootlan, fremmit chiel,
That never darkened a kirk-door
Nor kent his Carritch weel.

He had compassion in his hert
For a' that suffered sair,
He tended to the stricken man
An doctored him wi' care,

Pit embrocation on his hurt,
An' plaster on his pow,
Then on his cuddy heezed him up,
An' led him down the howe.

Syne to the inn he brocht him safe,
Paid for his bit an' dram
Leese me on yon Samaritan
That couldna' say a psalm!

W D COCKER

THE DELUGE

The Lord took a staw at mankind,
A rightous an' natural scunner;
They were neither to haud nor to bind,
They were frichtit nae mair wi' his thun'er.

They had broken ilk edic' an' law,
They had pitten his saints to the sword,
They had worshipped fause idols o' stane;
"I will thole it nae mair," saith the Lord.

"I am weary wi' flytin' at folk;
I will dicht them clean oot frae my sicht;
But Noah, douce man, I will spare
For he ettles, puir chiel, to dae richt."

So he cried unto Noah ae day,
When naebody else was aboot,
Sayin': "Harken, my servant, to Me
An' these, my commandments, cairry oot:

"A great, muckle boat ye maun build,
An ark that can float heich an' dry,
Wi' room in't for a' yer ain folk
An' a hantle o' cattle forby.

"Then tak' ye the fowls o' the air,
Even unto big bubbly-jocks;
An' tak' ye the beasts o' the field:
Whittrocks, an' foumarts, an' brocks.

"Wale ye twa guid anes o' each,
See that nae cratur rebels;
Dinna ye fash aboot fish;
They can look efter theirsels.

"Herd them a' safely aboard,
An' ance the Blue Peter's unfurled,
I'll send doun a forty-day flood
And de'il tak' the rest o' the world."

Sae Noah wrocht hard at the job,
An' searched to the earth's farthest borders,
An' gethered the beasts an' the birds
An' tell't them to staun' by for orders.

An' his sons, Ham an' Japheth an' Shem,
Were thrang a' this time at the wark;
They had fell'd a wheen trees in the wood
An' biggit a great, muckle ark.

This wasna dune juist on the quate,
An' neebours would whiles gether roun';
Then Noah would drap them a hint
Like: "The weather is gaun to break doun."

But the neebours wi' evil were blin'
An' little jaloused what was wrang,
Sayin' : "That'll be guid for the neeps,"
Or: "The weather's been drouthy ower lang."

Then Noah wi' a' his ain folk,
An' the beasts an' the birds got aboard;
An' they steekit the door o' the ark,
An' they lippened theirsels to the Lord.

Then doun cam' a lashin' o' rain,
Like the wattest wat day in Lochaber;
The hailstanes like plunkers cam' stot,
An' the fields turned to glaur, an' syne glabber.

An' the burns a' cam' doun in a spate,
An' the rivers ran clean ower the haughs,
An' the brigs were a' soopit awa',
An' what had been dubs becam' lochs.

Then the folk were sair pitten aboot,
An' they cried, as the weather got waur:
"Oh! Lord, we ken fine we hae sinn'd
But a joke can be carried ower faur!"

Then they chapp'd at the ark's muckle door,
To speer gin douce Noah had room;
But Noah ne'er heedit their cries,
He said: "This'll learn ye to soom."

An' the river roar'd loudly an' deep;
An' the miller was droon't in the mill;
An' the watter spread ower a' the land,
An' the shepherd was droon't on the hill.

But Noah, an' a' his ain folk,
Kep' safe frae the fate o' ill men,
Till the ark, when the flood had gi'en ower,
Cam' dunt on the tap o' a ben.

An' the watters row'd back to the seas,
An' the seas settled doun and were calm.
An' Noah replenished the earth –
But they're sayin' he took a guid dram!

W D COCKER

THERE'S AYE A SOMETHING

Belcanny is foggin', wi' siller laid by,
Wi' byres fu' o' feeders an' pedigree kye.
Wi' horse in fine fettle for ploo or for harrow,
An' a' the teels needit fae binder to barrow;
The fire hoose an' steadin' sneck harled and hale,
Wi' boortree for lythe an' a gean at the gale;
A hillside o' bracken for beddin' the stots,
In hairst for the thackin' a gushet o' sprots;
The snod dykit feedle lies fair to the sun,
An' anither Nineteen's little mair nor begun;
He's lucky, Belcanny, his boolie rowes weel,
But aye there's a something – the wife is genteel.

Her fowk thocht a fairmer an unco come doon,
For a queyn that was teachin' an' raised i' the toon.
But though like the lave her ambitions were big,
She couldna say "Na" till a laad wi' a gig;
An' soon they were baith sittin' cushioned an' saft,
An' passin' the peppermints up i' the laft.
An' faith she was thrang wi' her chuckens an' cheese,
Her eggs and her butter an' skepfu's o' bees;
An' better still, Hogmanay hardly was by
Or the howdie was in, and she'd hippens to dry;
But aye there's a something, a mote on the meen,
She's great upon mainners – an' Sandy has neen.

He's roch an' oonshaven till Sunday comes roon,
A drap at his nose, an' his pints hingin' doon;
His weskit is skirpit wi' dribbles o' kail,
He drinks fae his saucer, an' rifts owre his ale;
An' when he comes in fae the midden or moss
Her new-washen kitchie's as dubby's the closs.
She has her piana to dirl an' to thump,
But gie him for music a spring on the trump;
She's thankfu' for muckle, her doonsittin's fine,
The hoose an' the plenishin' just till her min';
But aye there's a something, the stob to the rose,
In spite o' a' tellin' – he blaws on his brose.

To haud them oonhappy would hardly be fair,
To ca' them ill-marrowed would anger them sair;
There's lot's o' waur bodies, she'll freely alloo,
He's hearty an' kindly, baith sober an' foo;
He grudges her naething, be't sweeties or claes,
An' has for her hizzyskip clappin' an' praise.
She's busy the but as a hen amon' corn
Gin noses need dichtin' or breekies are torn,
An' ben when the littlins need happin' or help,
To kiss or to cuddle, to scaul or to skelp.
They're like her in looks as a podfu' o' piz,
But dam't there's aye something – their mainners are his.

CHARLES MURRAY

A STEY BRAE

It's a stey brae we're treadin', sae lang an' sae sair
The speelin' o't's hard wi' sich burdens tae bear,
An' snell are the winds that continually blaw –
Oh! little's the sunshine and muckle's the snaw.

The road my be hard and thin be yer shoon,
The keen frost may nip through yer auld worn goun;
You may be near drappin' an' at yer wits end
Tae mak' a' ends meet wi' sae little tae spend.
But dinna gi'e up though moist be yer broo;
There's mony a ane mair forfoughten than you.

Keep yer een aff the brae, there's nae muckle there
Tae comfort a body o'er burdened wi' care.
The sun an' the rain dinna come frae the groun';
Let yer een an' yer he'rt take a flicht up abune.
Then ye winna gie up, for yer strength He'll renew,
Like mony a ane mair forfoughten than you.

On the brae ye'll find mony wha's life's on the rack;
Try an' gie them a smile an' a friendly bit crack.
There's an end tae a'thing, aye een a stey brae;
But e'en when ye've speel'd it, there's plenty tae dae.
Sae dinna gi'e up, but just buckle to.
An' help some puir body mair forfoughten than you.

GORDON GEDDES

I AFTEN WISH

I aften wish that eence again
The weary road I've traivell't
Wis mine tae tread, I'd hae things fit
Withoot mischance or guessin';
My ships wad safely mak' the port,
My webs be never raivell't,
An' a'd be for the best – I wish,
An faur's the hairm in wishin'?

I aften think if I could hae
The guidin' o' the warl',
I'd spin an' wyve the threids sae fine,
There'd be nae chance o' minkin'.
I'd strauchten kinks, unraivel knots,
An' redd up a' the snarl.
An' a'd be for the best – I think,
An' faur's the hairm in thinkin'?

I aften hope that I will live
Tae see the gweedly graces
– Faith, Hope and Charity – enthroned
'Mang men wha' noo are gropin'
Aye efter things nae worth the while;
See strivin' creeds an' races
A' live in amity – I hope,
An' faur's the hairm in hopin'?

I aften dream a bonnie dream;
There breathes the healin' spirit,
– Fraternity, a' ower the warl'
Agog in happy freemen;
The birn's adjustit fairly till
The back maist fit tae bear it,
An' justice rules mankind – I dream,
An' faur's the hairm in dreamin'?

'TURLUNDIE'

105

THE BROKEN BOWL

Whaur Neidpath's w'as wi' pride look doon
Upon a guid auld burgh toon,
A cranky cratur lived lang syne
Amang some guide auld freends o' mine –
Ane o' the awfu' cleanin' kind
That clean folk clean oot o' their mind,
And aften, as we've seen betide,
Clean guid men frae their ane fireside;
A fykie fashious, yammerin' jaud,
That could the gear fu' steevely haud:
An ill-set, sour, ill-willy wilk –
She hada face 'twad yearned milk,
Forbye a lood, ill-scrapit tongue
As e'er in barmless heid was hung;
To girn and growl, to work and flyte
Was aye the ill-spun wisp's delight.
I'm sure that heaven to Tibbie's meanin'
Was aye great everlastin' cleanin'!
Frae morn to nicht she ne'er was still –
Her life was just a teugh treadmill;
She was just like an evil speerit,
She ne'er could settle for a minuute,
But when a dud she made or clootit
Then a' the toon wad hear aboot it.

Ower weel John kenn'd his hoose was clean
An' keepit like a new-made preen;
That a' frae end to end was bricht,
For Tibbie toil'd frae morn to nicht,
Sae he, to hain the weary wark,
Ance hired a lassie stoot and stark –
A snod bit lassie, fell an' clever,
But Tibbie was as thrang as ever
Nae suner was the cleanin' through
Than cleanin' just began anew.
Noo on a bink in stately pride
Her favoured bowls stood side by side;
Braw painted bowls, baith big and bonnie,
Bowls that were never touched by ony;

For they were honoured vessels a',
An' servile wark they never saw,
Save when a dainteth she was makin'.
She whiles took ane her meal to draik in.

Ae day, the lassie, a' things richtin',
Wi' canny care the bowls is dichtin';
An', puir thing, tho' her care increases,
She breaks ane in a thoosand pieces.
'What's that?' skreighed Tibbie; 'Losh preserve us!
Is this the way the fremit serve us?
Deil speed the fummlin' fingers o' ye –
Ower Cuddy Brig I'll tak' an' throw ye;
Ye glaikit, guide for-naethin' jaud,
Ye'll bre'k us oot o' hoose an' haud;
My fingers yuke to hae ye whackit;
Tell me, ye cutty, *hoo ye brak it*?
In Embro' toon thae bowls were coft,
An' sax-an-twenty miles were brocht,
Weel packit up an' kindly carrit,
An' gien to me when I was marrit.
In name o' a' that e'er was wrackit –
In a' the warl', *hoo did ye brak it*?'

The lassie sabbit lang an' sair,
But Tibbie's tongue could never spare;
Lood was its clear an' wrathfu' tenor
When in John stappit to his denner,
An' as he drew inower his seat
Her tongue brak' ower him like a spate.
He heard o' a' the sad disaster.
An' aye the tongue gaed fast an' faster;
An' aye there cam' the ither growl –
'Lassie, *hoo did ye brak the bowl*?'
'Wheesht! Wheesht!' says John, 'nae mair aboot it,
'Od sake! Ye've plenty mair withoot it.'
But ere another word was spoken –
Wi' face thrawn like a weel-wrung stockin' –
She squealed – 'D'ye want to brek my heart?
Ye monster, will ye tak' her pairt?
Is this my thanks for a' my toil?
Hoo could the gipsy brek the bowl?'

Patient, John heard the endless clack
Till his twa lugs were like to crack;
An' rising, stappit to the shelf,
Whaur whummilt stood the gawsie delf,
An' looking ower the precious raw
He raised the biggest o' them a',
An', withoot steerin' aff the bit,
Clash loot the bowl fa' at his fit:
An' as the frichtit flinders flew,
Quoth he, 'Ye ken the way o't noo –
For, sure as I'm a leevin' sowl,
That's hoo the lassie brak the bowl.'

MRS MORTON

GLOSSARY

a blink	a moment	*closs*	a passage or enclosure; farmyard
aiblins	perhaps		
airns	irons	*coft*	bought
airt	direct	*coggies*	measures
akirpit	spattered	*cogs*	a wooden jug for milk
antrin files	sometimes	*cooter*	part of a plough
arnut	pig nuts or earth nuts	*country-queyn*	country girl
auld farran'	old fashioned	*cowp*	sell, barter
baillie	cattleman	*crack*	news
baudrons	cat	*cree*	sty
baurley	truce	*crined*	grown small through age; shrivelled
bawd	hare		
bin' an' stook	bind and stook	*croose*	loudly; brisk
bink	a shelf	*darg*	day's work, toil
birlt	turned	*dautet*	petted, caressed
birn	burden	*deaved*	deafened
birse	bristles	*diddle*	fiddle
blain	mistake	*divots*	clods of turf
blashy	wet	*doddy mittens*	mitts
blate	shy, timid	*doited*	foolish
blatter	scatter	*doo's cleckin'*	hatching
boldie	chaffinch	*dool*	woe, unhappiness
boortree	elder tree	*dour*	stubborn
boss	empty, hungry	*dowie*	weakly
bourock	home, house	*draigled on*	trailed on
broads	boards	*drak, draik*	soak
brocks	badgers	*dreels*	drills
brod	board	*drouthy*	thirsty
bubbly-jocks	turkey-cocks	*drucken*	drunken
busk, buskit	dress, dressed	*dryster*	man who dries grain
butty	chum	*dubby*	muddy
byous	extraordinary	*dubs*	puddles
caff bed	chaff bed	*dunch*	nudge
cangle	quarrel	*duntin'*	beating
canty	pleasant,cheerful	*eest*	used
cark	fret	*eident*	busy
Carritch	Cathechism	*elbuck*	elbow
caterans	robbers	*Embro'*	Edinburgh
cauldrife	chill	*endrig*	last rig
causey	street	*ettle*	aim at, attempt
chafts	cheeks	*ettled*	fought; struggled; very anxious
champit	stamped the ground		
clart	mud	*ettle notes*	make comparisons

fa	who	*gurly*	surly, bad-tempered
fairin'	a small present	*gushet corner*	small piece of land
fash	care	*gus(s)het*	corner; street corner
fashious	hard to please	*gutters*	traces of mud
fat	what	*gweedly*	godly
faur	frighten	*gyte; gyted*	crazy; mad
feck	value; majority	*hackit*	chapped
feedle	field	*hain*	save trouble
ferlied	wondered	*halflin*	a half-grown lad
ferlies	toys; playthings; strange things	*harns*	brains
		hempie	hedge-sparrow
fikey	fastidious about trifles	*heuk*	a reaping hook
fish hake	a weight for a fishing line	*hind*	farm servant on yearly contract
fite bells	white bell flowers	*hippens*	nappies
fite fuskered	white whiskered	*hives*	a skin complaint
fleeched	begged	*hizzyskip*	housekeeping
flyte, flyting	scolding	*hoast*	cough or cold
foggie bees dyke	small yellow bee's nest	*hoodie-craw*	hooded or carrion crow
foggin	well off	*hooie*	barter
forfochen	exhausted	*hotchin*	swarming about
forfoughten	fraught with care, anxious	*howdie*	midwife
		howff	shelter
forjeskit	tired, jaded	*hunker doon*	crouch down
foumarts	pole-cats	*hurdies*	buttocks
fremit	a stranger	*hurkles*	crouches
fremmit	foreign	*hurly*	a small hand cart
fulpie	puppy	*hyted*	called a horse to go on
furs	furrows	*jauped*	weary
futt'rat	weasel	*jeed*	moved
gale	gable	*jinks*	fun and games
gantit	yawned	*joukit*	dodged
gawsie delf	large pieces of pottery or china	*kee-vee*	<u>qui vive</u>
		kink	cough
gean	flowering cherry	*kink-hoast*	whooping cough
glabber	liquid mud	*kintry*	country
gleg	lively	*kitlin*	kitten
gomerals	fools	*kittlin'*	tickling
gorbellt	partly formed young bird	*knir*	knot of wood
		knock	clock
gowan	daisy	*Kyanised*	preserved in chemicals
gowpens	handfuls	*lade*	mill race
grammie	gramophone	*lames*	broken pieces of crockery
granite toon	Aberdeen		
Gray	a textbook	*larick*	larch
grewsin'	shivering	*lave*	rest
grumph	pig	*leal*	loyal
gueyn	girl	*lear*	learning
gully	knife	*lettin' on*	pretending

liefer	rather
liffies	strokes on the hand with the tawse
limmer	jade; worthless woman
lintie	linnet
lippened	put one's trust in
loanin' heid	end of the lane
loof	hand; palm of the hand
lousin'	stopping work for the day
lowin	glowing
lown	sheltered
lows'd	loosened
lowsin'	stopping work
lummer	worthless woman
lums	chimneys
lythe	shelter
mait	meat
mappie moo	rabbit's mouth (antirrhinum?)
mason's mear	a scaffolding trestle
meen	moon
mensefu'	respectable
mirk	dusk; dark; murky
mislippen't	neglected
mutchkin	a small liquid measure
nae ferlie	no wonder
nae mows	no joke
neeve, nieve	fist; hand
Nineteen	a nineteen years' lease
nirlin'	keen, nipping
noddle	head
paiks	slaps on the hand as punishment
pairtrick	partridge
palin' stabs	paling stakes
park	field
partan	crab
Pase	Easter
pawkie, pawky	droll, wise, shrewd
pechin'	panting
peer	poor
pen gun	small person who talks a lot
pig	stone hot water bottle
pinkie	little finger
pints	bootlaces
pitcher	the marble used for aiming
pliskies	jokes
plunk'd, plunkit	played truant
plunker	large marble
pows	heads
preen	pine
priggit	begged
puddock	frog
pyke	pick
quine	young woman
rax't, raxed	stretched, reached
ream	cream
redd up	tidy up
ree	fowl run
reemin' yill	foaming jug of ale
reeze	praise
rive	break apart
rived	stole
rodden tree	mountain ash
rosit	resin
rotten	rat
roups	sales
roupy	the sound of a harsh cough
rowe up	roll up
ruck foun's	the base of the ricks
rumgumption	common sense
rypit	stolen
sair forfouchen	much troubled
sark	shirt
saugh	willow
saw	ointment
scart	scratch
scoor	scurry
scraighin'	noise
scrimp dune	in a mean or miserly way
scuddy	undressed (of a small child)
seggs	yellow iris; reeds
sheilfa	chaffinch
shillans	grain
shilpie	weak-looking
shooglin'	shaking
skail	to break up, dismiss
skaith	danger; injury
skelf	a splinter of wood
skirlin'	shrieking;
skites	flies off

sklate	slate	*tentie*	carefully
skreighin'	screaming	*teuchat*	peewit
slap	a gap in a hedge	*thackin*	thatching
slooch	slouch	*thackit*	thatched
smeddum	spirit	*theik*	thatch
sneck-harled	rough cast with stones showing	*thowless*	lacking in spirit
		thrang	stir, bustle
sneckit	fastened securely by a latch	*thrapple*	throat
		threeps	maintains
snod	neat, trim	*threpe*	boast
snod an' trig	neat and smart	*thropill*	throat
snoove	walk	*thrums*	threads
soom	swim	*tint*	lost
soor-dook	buttermilk	*tochter*	dowry
sough	hum; sigh	*toom, toomed*	empty, emptied
sowfin'	humming	*toozie*	shaggy, untidy
spainyie	cane	*tosh*	smart
splore	a joke, fun	*travise*	division between the stalls
sprots	bullrushes		
spunkie	spirited	*tulzie*	a fight or scrap
spurkle	spurtle, porridge spoon	*tyauv't*	struggled
		wabbit	worn out, exhausted
squeel	school	*wame*	stomach
stauchered	staggered	*wammlin'*	crawling
staw	dislike	*wauchle, wauchel'd*	stagger; staggered
steek	close, fasten		
steen-chackert	stone chat	*waucht*	a draught
steevely	obstinately	*waukrife*	wakeful
stey	steep	*weel teuched*	well toughened
stieve	firm; steep	*weel-huakit*	well hacked
stievely	stiffly	*whaun*	thong
stirk	steer	*whinger*	a short dagger
stob	thorn	*whinstane*	curling stone
stot	bullock older than a stirk	*whirliwha's*	ornaments
		whittrocks	weasels
stottit	bounced	*whummle*	tumble, upset
stoun	a leap	*winnel-strae*	stalks of withered grass
strae	straw		
stravaiged	wandered	*winnock*	window
streecht'd	stretched	*wyte*	fault
stumpie	short or squat	*wyver*	spider
sumph	stupid person	*yammerin'*	whining
swacker	nimbler	*Yeel*	Christmas
tag	strap	*yett*	gate
'taigle	delay	*yirlin', yorlin'*	yellowhammer
tarry 'oo	tarry wool	*yirth*	earth
taws(e)	a leather strap	*yokit*	begun
teels	tools	*youkie*	itchy
teetin'	peeping	*yowies*	fircones
templar	teetotaller		

PHRASES

a gaun fit's aye gettin	someone going about (doing good) receives in return
awfa sair come at	very badly hurt
boolie rowes weel	his bowls or marbles roll well
clawed the caup	cleaned the bowl
ettlin' to greet	almost crying
guid gear's in sma' buik	good things come in small packages
his birse was up	his temper rose
is't gweed?	is it good?
leese (leeze) me on	an expression of great joy, satisfaction, approval
pooshan, sheet an' fell	poison, shoot and kill;
shoo and crosshie	sew and crochet
teemin' his girns	emptying his snares
throwther pleyt'rin clairt	a slattern

INDEX OF FIRST LINES